The Age of Top Presentation

ビジネスに革命を起こす
トッププレゼンテーションの技術

GLOBAL PRODUCE
光畑 真樹
KOUHATA MASAKI

CROSSMEDIA PUBLISHING

プロローグ

人々を団結させた、最年少大統領のプレゼン

あなたがこれまでに見た最高のプレゼンテーションは、誰によるものですか？
たとえあなたがプレゼンテーションの経験が豊富でも、
「自分自身だ」と自信を持って答えられる方は、そう多くはないでしょう。
冒頭の問いに対して、私はアメリカ合衆国元大統領ジョン・F・ケネディと答えます。
ジョン・F・ケネディは1960年11月におこなわれた大統領選で、
リチャード・M・ニクソンを見事破り、43歳という若さで、

第35代アメリカ合衆国大統領に選出されました。

彼は1961年1月20日にワシントンD.C.で、有名な次の一節を含む素晴らしい大統領就任演説をおこないました。


国民諸君よ。国家が諸君のために何ができるかを問わないでほしい――諸君が国家のために何ができるのかを問うてほしい。

世界の市民諸君よ。米国が諸君のために何ができるかを問うのではなく、我々が人類の自由のために共に何ができるのかを問うてほしい。

(原文：And so, my fellow Americans: ask not what your country can do for you—ask what you can do for your country. My fellow citizens of the world: ask not what America will do for you, but what together we can do for the freedom of man.*)


ケネディは合衆国史上、選挙で選ばれた大統領としては最年少でした。

その当時、私はまだ生まれていませんので、彼の演説をリアルタイムで観たわけではありません。
しかし、彼の演説を動画で観たとき、感銘を受けました。
「なんて素晴らしく力強いのだ！」と。
その時代に生きているわけでも、アメリカ国民でもないのに、
自分も日本のために少しでも何かできないか考えよう、とさえ思いました。
すごいプレゼンの効果です。

彼の伝えるメッセージは明確で、多様な人種からなるアメリカ合衆国においても
万人にわかりやすく、共感を呼び、
ポジティブな行動を引き起こすものだったことは間違いありません。
けれども、彼が素晴らしい理由は、演説が単にうまいからだけではありません。
彼がすごいのは、60年も前にすでにプレゼンテーションの重要性を理解し、
それをアメリカ合衆国のブランディングの手段として活用していたことです。
時代を先取りしていたように感じますが、**歴史を変えてきたような人物は**
総じてプレゼンテーションの名手であったと感じます。

プロローグ

アレキサンダーも始皇帝も、きっと力強い演説で多くの人の心を動かし、行動へつなげるリーダーシップを発揮したのだと思います。

アメリカ合衆国前大統領であるトランプ氏が、公式な場での演説で必ずといっていいほど赤いネクタイをしているのをご存じでしょうか？これは、トランプ氏に限ったことではなく、歴代アメリカ合衆国大統領のある種の「伝統」でもあります。

この伝統の発端が、実はケネディの戦略だと言われているのです。

ケネディは、1960年の大統領選の最中におこなわれたテレビでの演説で、ポピュラーな黒ではなくネイビーのスーツに赤いネクタイを身につけていました。当時まだ主流だった白黒テレビを観ている聴衆の目にも、色のコントラストがはっきりわかるように、と考えてのことでした。この戦略により、ケネディは若々しく力強い印象を聴衆に与えることに成功します。その結果、大統領選を制したのです。

自分が聴衆の目にどのように映るのか、ケネディは非常に自覚的だったと言えます。


このようにプレゼンテーションとは「話す具体的内容」だけではありません。

その人物が持つ背景、センス、真剣な目、笑顔、そしてオーラなどあらゆることが複合的に折り重なって出来上がっています。

近年ではオンライン上でのプレゼンテーションも、トップの重要な役割となっています。

それについては、第4章にてお話しします。

＊出典：Yale Law School Lillian Goldman Law Library. *Inaugural Address of John F. Kennedy.* https://avalon.law.yale.edu/20th_century/kennedy.asp（参照 2021-06-01）

「トップの言葉が会社の命運を左右する」

私は、2012年にイベントプロデュースの会社を立ち上げて以来、「イベントプロデュースを通じて世界中に幸せを届ける」ことをビジョンとして掲げ、邁進してきました。

その間、大企業を含む1500本のイベントに携わり、約300人の企業のトップによるプレゼンテーション(=トッププレゼンテーション)を間近に見てきました。

震えるほどに感動したプレゼンテーションもあれば、

少し効果の弱かったプレゼンテーションなど、さまざまなケースがありました。
イベントプロデュース会社の社長が、なぜプレゼンテーションの本？
と思われる方もいらっしゃると思いますので、
簡単に我々の仕事についてお伝えさせてください。
例えば、広告代理店は顧客の「代わり」にプロとして広告をつくります。
我々は顧客の「代わり」にプロとしてイベントをつくるのです。
会場を手配し、空間デザインをし、プログラム設計をし、演出をカタチにします。
映像制作や招待状やゲストキャスティングなども一貫してプロデュースします。
一番お手伝いすることが多いイベントは、
企業が全従業員や取引先などのステークホルダー（利害関係者）に対して実施する
キックオフミーティングやコンベンションなどです。
全国の関係者が一堂に会し、年度の戦略を伝え、行動化することを「目的」とします。
国際会議やアカデミー賞授賞式などもイベントプロデュース会社の仕事ですね。
私はよくイベントプロデュースの仕事を「主催者のニーズに応じて食材を揃え、
〝調理〟する料理人のようなもの」と表現します。

その仕事の中で、我々のようなプロのイベントプロデューサーが、
オープニング演出や空間デザインをどんなに頑張っても、
企業のトップによる最高のプレゼンテーションには到底敵わないことに気づきました。
参加者が期待しているのはトップの声なのです。10年前から薄々感じていましたが、
20年間ひたすらあらゆる現場を見てきて、最近ようやく確信しています。

プレゼンといえばスティーブ・ジョブズ氏が有名です。
しかし、私は彼のプレゼンがいつでも最強だとは考えていません。
一つ言えることは、彼は何度も何度もプレゼン練習とリハーサルを繰り返し、
自分自身が心の底から納得できる製品をプロデュースしたからこそ、
世界中を魅了するプレゼンへ繋がったのです。
おそらく、開発初期からプレゼン本番のことも考えながら、
開発メンバーを導いたのだとも感じます。
メディアとユーザーに何を伝えるか？

どうすれば世界に衝撃が走り、ジョブズ氏流に言えば「宇宙に凹みがつくれる」か？
そのためには、どうプロジェクトを牽引して製品を創り出すべきか？
それらをプレゼンから逆算して、イメージできていたのだと考えます。
ここで皆さんに最初にお伝えしたいのは、
プレゼンテーションの「成功の型」は一つではないということです。
華麗で巧みであることが大正解ではありません。
「ピンマイクをつけてステージ上を歩き回るプレゼン」が、大正解でもありません。
ただ原稿を誠実に粛々と読むだけでも、会場の空気が変わることも多々ありました。

そして私自身も、年間何十本とプレゼンテーションをしてきました。
その経験のなかで、ある事実に気がつきました。
プレゼンテーションには聴いている人間を変える力があること。
そして、先ほどのケネディ元大統領の例のように、
国や組織のトップ自らがおこなうプレゼンテーションが、
人々を団結させ、組織を改善し、経営上のさまざまな課題を解決するのに

最も効果的であるということです。

本書は、そんな私の経験から、
トッププレゼンテーションが企業経営にいかに良い効果をもたらすのか？
トッププレゼンテーションの効果を最大限に高めるにはどうしたらいいのか？
についてお伝えするために、執筆しました。

従業員や関係者、そして社会に直接語りかけることは、トップの最も重要な仕事です。
トッププレゼンテーションの「トップ」は社長だけでなく、
部門のトップ、チームのトップ、プロジェクトのトップなど、すべてを含みます。
トッププレゼンテーションができていないと、経営上のさまざまな問題を
解決できないだけでなく、逆に問題を引き起こすこともあります。
問題とは、コミュニケーション不全です。
それは組織全体を機能不全に陥れます。

トッププレゼンテーションをすること、さらにはそのプレゼンテーションの出来が

企業の命運を大きく左右すると言っても、過言ではないのです。

「社員に直接語りかけることなんて、もう十分にやっている」

と思うかもしれません。しかし、こう疑問に思うことはないでしょうか。

「私の話を、社員は本当に理解しているのだろうか？」

「本当に、期待以上に動いてくれるだろうか？」

そのような懸念は、トッププレゼンテーションのやり方次第で

解消する可能性が大いにあります。

実は本人はあまり意識していない小さなことをいくつか変えるだけで、

格段に社員の腹に落ちるプレゼンテーションができるようになるのです。

トップの言葉が社員の腹に落ちると、組織は変わります。

トップの言葉にはパワーがありますが、それをより効果的に伝える方法が

トッププレゼンテーションです。

本書では、そのプレゼンテーションの「考え方と技術」をお伝えしていきます。

「トップの言葉とブランディング」

企業や団体を紹介するパンフレットやコーポレートサイトには必ずと言っていいほど、その企業のトップ（社長やＣＥＯなど）のメッセージが掲載されています。

なぜでしょうか？


それは当然、トップの考えがその企業の価値観や方向性を示しているからです。

トップの考えを知らずして、その企業や団体について知ることはできないと言ってもいいでしょう。

例えば、日本を代表する企業であるトヨタ自動車のウェブサイトを見てみると、企業情報のなかにトップメッセージという項目があり、豊田章男社長のメッセージが掲載されています。

これを読めば、トヨタ自動車がどのような価値観のもとで経営され、これからどの方向に向かうのか、ある程度知ることができます。

トップのメッセージ欄に書かれていることは、多少の差異はあるにしても大方はその企業の目指す方向性や中核となる価値観、フィロソフィーなどが占めています。

企業が顧客と社会に何をもたらすのか？

ということは、その企業のブランディングに大きく影響しています。

では、今更という感じもありますが、ブランディングとはなんでしょうか。

ご存じのようにブランディングという言葉はもともと、英語の〝brand〟から来ていますが、その原義は「家畜に焼印をいれること」に由来します。

つまり、幾多もの競合相手の中から「これはうちのものですよ」と見分けるためのものであり、そこから転じて「自分たちのサービスや商品などを、周りから認められるようにすること」がブランディングの意味になりました。

一言で言えば「**企業が社会に与える価値**」だと考えます。

企業のブランディングには二種類あります。
一つ目が企業の外に向けたエクスターナルブランディング、
二つ目が従業員などの企業内部に向けたインターナルブランディングです。

どちらのブランディングも、その企業の「理念や理想のあり方」「提供価値」そして「働き方」を伝えるために重要なものです。

このインターナルブランディングは、年々ますます重要になってきています。

商品やサービスは、顧客に選んでもらうことで利益を生みます。

しかし、そもそも商品やサービスをつくる人がいなければ、顧客の目の前に置かれることもありません。もし、商品を開発して販売する従業員に企業の理念や提供価値がしっかり浸透していなければ、その次の段階である顧客へのブランディングは到底できないでしょう。

ブランディングについてはすでに多くの書籍が出版されていますので、ブランディングの話はそちらに譲りますが、**これら二種類のブランディングを両方とも確かなものにするのに、トッププレゼンテーションは有効な方法**です。

さて、エクスターナルブランディングとは、消費者や顧客といった外部のステークホルダー向けのブランディングになります。

エクスターナルブランディングには次のような効果があります。

・消費者や顧客に対して、企業のブランド価値を浸透させる効果
・企業が提供する製品やサービスの提供価値を消費者や顧客に浸透させることで、購買行動につなげる効果

その一方で、トッププレゼンテーションと経営の問題により関わりが深いインターナルブランディングには、次のような効果があります。

・従業員のモチベーションを高め、顧客満足度を向上させる効果
・企業理念や提供価値が浸透することで、企業のブランド価値を向上させる効果
・組織内のコミュニケーションを活性化する効果

逆にいえば、これらのインターナルブランディングができていないと、従業員満足度（ＥＳ：Employee Satisfaction）が下がり、顧客満足度（ＣＳ：Customer Satisfaction）も低下します。

その結果、従業員に企業理念や提供価値が浸透せず、ブランド価値も低下します。

さらに、組織内のコミュニケーション不全が生じ、経営者からすれば目も当てられない大変恐ろしい事態になる可能性があります。

「トッププレゼンテーションを成功に導く3つのP」

私は、トッププレゼンテーション技術には、次に挙げる「3つのP」が大事だと考えています。

・Personality（人柄）
・Program（内容）
・Platform skill（伝達技術）

「人柄は技術ではないだろう」と思われるかもしれませんが、人柄といっても品格やキャラクターといった本質的な次元の話ではなく、プレゼンテーションを通じて聴衆に伝える「人柄のイメージ」のことです。つまり、人柄もプレゼンテーションを通じて演出するものなのです。演出する以上は、当然それを可能にする技術があります。

プレゼンテーションの際に演出するという意味では、見せ方、演出の仕方、印象の与え方といった技術といえます。

プレゼンテーションとは、技術によって裏打ちされた「セルフプロデュース」です。

技術である以上、誰にでも習得することができます。

本書は、トッププレゼンテーションが組織や経営の問題を解決するというトッププレゼンテーションの素晴らしい効果と、実践的なやり方と技術について指南する内容となっています。

第1章では、企業におけるトッププレゼンテーションの「必要性」と、それに伴う「考え方」について詳しく説明しています。

第2章では、私がこれまで間近で見てきたトッププレゼンテーションの実例とともに、トッププレゼンテーションの「具体的な技術」について詳しく解説しています。
第3章では、トッププレゼンテーションを支える重要な要素としての「場」について、いかに準備を進めていけばよいのか、詳しく説明しています。
第4章では、２０２1年以降は絶対に避けては通れない
「オンラインプレゼンテーション」について、イベントなどへのトッププレゼンテーションの効果的な導入の仕方について紹介しています。

本書は、経営や組織マネジメントに問題を抱えやすい経営者に向けて書きました。
しかし、本書を手にとってくださった方の中には、経営者以外にも
企業のイベント担当者、プレゼンテーションやイベントの企画に関心がある方も
いらっしゃるかもしれません。
そのような方々が読んでも十分役に立つ内容となるよう工夫しています。
本書を読めば、誰でもケネディのようなトッププレゼンテーションが
できるようになります……とまでは言えませんが、そこまではできなかったとしても、

トッププレゼンテーションに必要な「考え方」と「技術」を身につければ、今までとまったく違うステージにいけることは確信しています。

本書が、読者の皆さまのトッププレゼンテーション技術を向上させるのに役立ち、経営やリーダーシップの課題を解決するための一助となれば幸いです。

目次

プロローグ

第１章 これからはトッププレゼンテーションの時代

第2章 トッププレゼンテーションが組織を動かす

第3章

トッププレゼンテーションの効果を高める「場」

第4章

トップの言葉をリアル×オンラインで広く届ける

第1章

これからはトッププレゼンテーションの時代

「トッププレゼンがますます重要な時代になる」

企業には、利益を得るためのさまざまな仕組みがすでにあるでしょう。

長年にわたり利益を上げ続けることで存続している大企業であれば、なおさらです。

しかし、それらの既存の仕組みは、それがつくられた時点での既知の事実にもとづいて立てられた予測の上に成り立っています。

その前提が崩れれば当然、まったく役に立たなくなってしまうのです。


新型コロナウイルスによって社会が大きく変容したことで、

このことを思い知らされた方も多かったのではないでしょうか。
これからの時代は、前提条件が変わるスピードが速くなる一方でしょう。
世界は、私たちが思ってもいないほどに、急激に変わり続ける可能性が高いのです。
私は「一度リセットされた」とさえ感じています。

状況が変化するならば、企業はそれにいち早く対応して、
新しい仕組みをつくり続けていく必要があります。
企業（株式会社）とは利益団体であり、その至上命題は利益を得ることです。
企業のトップ（社長やＣＥＯなど）の役目は、企業（株主）に利益をもたらすこと。
それはつまり、社会に価値を提供し続け、人々を幸せにすることにほかなりません。

その目的を果たすためには、
トップは常に自らの考えを社内外に伝え続けなければいけません。
従業員のモチベーションを高め、向かう方向を指し示す必要があります。
これができていないと、企業の構成員たる従業員がバラバラな方向に進んでしまい、

その結果、会社は空中分解してしまうからです。

企業のトップに立つ者が、変化に応じて刷新される自らの考えをスピード感をもってシンプルかつ明瞭に伝え続けられるのならば、その方法はリアルな場でもオンライン上でも構いません。

それらを社内外に定着させていくことこそが、今求められていることです。

そこで、本書のテーマである「トッププレゼンテーション」（以下、トッププレゼン）が重要です。

なぜ、トッププレゼンなのでしょうか。

単にトップの考えを伝えるだけなら、社内報やコーポレートサイトといった媒体にトップからのメッセージを文書で掲載するだけでもいいように思えます。

しかし、それではダメなのです。

トッププレゼンでなくてはならない理由は、

プロローグでご紹介したケネディの演説に表れています。
トッププレゼンは人々を団結させ、組織を改善し、経営上のさまざまな問題を解決するのに最も効果的であり、企業のブランディングに必要不可欠なのです。

トッププレゼンが影響を及ぼす対象は、社内と社外の両方です。
社内とは従業員、社外とは消費者や顧客、株主、取引先、行政、報道機関など、あらゆるステークホルダーを含みます。

幅広い対象に向けて、トップ自身がしっかり準備して、顔を出して自らの肉声で、ときには身振り手振りを交えながら語りかけることで、ほかのどのような手段よりもはるかにその企業の価値を届けることができるのです。

例えば、トッププレゼンには次のような効果があります。

・顧客に向けたＣＭの効果
・株主へ向けた信頼性の向上

・従業員へ向けた安心感・信頼感・未来のイメージの提示
・取引先へ向けた安心感・信頼感・未来のイメージの提示
・全社における生産性の向上
・全社におけるイノベーションの加速

これらは、ステークホルダーへのブランディングとリレーションシップ・マーケティングそのものです。いずれが欠けても企業経営はうまくいかないでしょう。トッププレゼンをするだけで、これだけの効果が得られるのです。
逆に言えば、トッププレゼンをしていない、あるいはトッププレゼンをしていても効果的な方法でできていない企業は、これらの点で問題を抱えている可能性が高いと言えます。

さらに、トッププレゼンの利点として映像化できることが挙げられます。トッププレゼンの映像をアーカイブとして残しておけば、テレビのスポットCMだけではなく、YouTubeやコーポレートサイトといった幅広い媒体を通じて、視聴者がいつでも見たいときに見ることができます。

また、映像という性質上、ＳＮＳ等を通じて拡散されやすいことも重要です。

「これからはＣＭよりもトッププレゼンテーションの時代」だと、個人的には思っています。

「トップの仕事はプレゼンが9割」

ただ情報を得ようとしている人よりも、物事に本気で取り組んでいて、自らどんどん情報を発信している人のほうに、自然と人や情報は集まってきます。
これはビジネスの一つの真理ではないでしょうか。

どのような企業であったとしても、
企業は社会に何かしらの「価値」を提供するために存在しています。
そして、その価値を伝え続けることはトップの仕事です。
つまり、トップの仕事は情報を発信し続けることでもあるのです。
日々情報を発信していると、トップの口癖や思いが周囲に伝播していきます。

発信することは、いわば「濃縮ジュースの原液づくり」だと思います。

濃縮ジュースの原液はそのままだと濃すぎて飲めず、量も少ないのですが、何倍かに薄めて飲むと美味しく、量も増えます。

それと同じで、トップが発信することで濃縮ジュースの原液をつくり、それが周りに広がるにつれて希釈されて美味しくなっていくイメージです。


発信すること自体が大事なのであって、極論すればそれが間違っていてもいいのではないかと思います。

間違っていたなら、その都度間違いを修正していけばいい。

それよりも、常に情報の素をつくって発信し続けることのほうが重要です。


トップは企業の代表として、日々の限られた時間のなかでいくつもの決断をしていかなければなりません。

そのため、さまざまな能力や知識が必要です。

例えば、先見力、行動力、論理的思考力、コミュニケーション能力、金融や会計の知識など、枚挙にいとまがありません。

なかでも最重要能力を三つ挙げるとすれば、それは間違いなく、観察力、決断力、言語化能力（＝プレゼン能力）でしょう。

まず、観察力です。

観察力とは、「注意深く物事を観察して、その変化に気づき、結果を得る力」です。

観察力には、市場の動向や変化に対するマクロな観察力と、人の表情や心理に気づくミクロな観察力があります。

トップはこれらを統合して、さまざまな判断や意思決定をします。

財務や市場などのさまざまな数字を読み取る能力も観察力の一つです。

経営戦略を立てるときにも観察力が必要になります。

些細な変化にも気づく観察力があればこそ、自分に必要な情報を集められるのです。

次に、決断力です。

企業においてトップは唯一、決断できる人間であり、決断しなければならない人間です。

例えば、ブランディングのためにテレビに出演する決断もできますし、逆にブランディングのためにテレビには出演しないと決断することもできます。

決断には、観察力に裏打ちされた確かな情報や結果といった判断材料が不可欠です。

ビジネスにもスピード感が求められる時代ですから、あらゆる情報をインプットしておくことの重要性は増していると感じます。

それが即断即決にも繋がるからです。


三つ目は、言語化能力です。意外に思われるかもしれませんが、実はトップにとって言語化能力はベスト3に入るほど重要なのです。

言語化能力とは、自分が思っていること考えていることや感じていることなど、必ずしも言語として表されていない事柄を誰にでもわかるように伝える能力です。

プレゼン能力と言ってもいいでしょう。


もちろん、プレゼンには技術的、知識的な側面もあるので、言語化能力が高いだけで単純に良いプレゼンができるものではありません。
しかし、言語化できなければ、良いプレゼンができないのも事実です。
言語化能力は、良いトッププレゼンをするための必要条件なのです。

トッププレゼンをおこなうことは、情報を発信することです。
発信すると人や情報が集まってくるので、そこに新たなチャンスが生まれます。
そのチャンスをうまく活かせば、新たなステージを引き寄せることになります。
さらに、良いトッププレゼンをすれば、応援されやすくなります。
プレゼンを聞いた聴衆が「もっと頑張ってほしい」と思い応援してくれると、
周りに味方が増えるので、よりいっそう人や情報が集まってきます。
次のステージに上がるチャンスが増え、好循環が生じるわけです。
トッププレゼンの必要性がおわかりいただけたでしょうか。

「組織のテンションはトッププレゼンが決める」

トップはプレゼンを通じて情報を伝えるだけでなく、参加者や視聴者のテンションや空気をつくることができます。

優れたイベントプロデュースもまた、空気をつくります。

企業主催のコンベンションや期初のキックオフといったイベントで主役級の活躍をするコンテンツがトッププレゼンであることは、私の長年のイベントプロデュース経験から言って間違いありません。

聞き手のテンションを上げて、成果に繋がる空気をつくったトッププレゼンの事例を、ここでは三つご紹介します。

一つ目は、スティーブ・ジョブズ氏のプレゼンです。

彼の有名なプレゼンに、スタンフォード大学の卒業式でおこなったものがあります。あまりに有名で、さまざまな書籍でこのプレゼンが解説されていますので、プレゼンの構成の説明などは他の書籍に譲ります。私が注目したいのは冒頭です。それは本書の読者へのシンプルなアドバイスでもあります。

彼はプレゼンの冒頭で、学生たちに向かって次のように言いました。


世界最高峰の大学の卒業式に同席できて光栄です。

(I am honored to be with you today at your commencement from one of the finest universities in the world.*)

あのジョブズ氏にそのように言われたことで、その場の学生たちは「俺たち、ジョブズに世界最高峰って言われたぜ」とテンションが上がり、ジョブズ氏の話をしっかり聴こうという空気が生まれました。

二つ目は、TSUTAYAを展開するカルチュア・コンビニエンス・クラブの創業社長である増田宗昭氏のトッププレゼンです。

以前イベントをプロデュースしたとき、感銘を受けた出来事がありました。書籍を中心にしつつライフスタイル全般を提案する新しいかたちの書店、代官山T－SITEをつくって何年目かに、全国から店長やアルバイトチーフなどを集結させてイベントを開催したのです。

そこで増田氏は集まった全国のスタッフに向かって次のように言いました。
「皆さんは、レンタルビデオ屋ではありません」
「世の中に文化（カルチュア）をどんどん紹介していくことが、皆さんの仕事です」
その瞬間、会場の気配が驚くほど一気に変化したのを感じました。

私はイベントプロデューサーとして、本番ではステージよりも客席を見ています。

4000人の表情が変わり、空気が確かに変わったことを今でも覚えています。


TSUTAYAはレンタルビデオ事業において国内最大手チェーンだったため、当時は多くの人が「TSUTAYAはレンタルビデオ屋だ」と思っていたのです。

それはスタッフも例外ではありませんでした。

しかし、増田氏の一言で意識が変わったのです。

「そうか、私たちはレンタルビデオ屋ではなく文化を紹介していく仕事なんだ」と。

スタッフが自分たちの仕事をレンタルビデオ屋だと思っているか、文化を紹介することだと思っているかで、会社が生み出す価値は大きく変わります。


ちなみに、このときトッププレゼンには15分ほどの時間を設定していました。

しかし、増田氏はシンプルにそれだけを伝え、わずか3分ほどで降段されました。

舞台監督は慌てて、「降りたぞー！　エンディングVTRいけー！」と叫びました。

当時の私は、たった一言の力強さと影響力に学ばせていただきました。

最後は、ある有名なグループ企業の社長によるトッププレゼンです。
全国に社員がいるその会社の全社表彰式をプロデュースしたときのことです。
数千人の会社で受賞者は10名ほどいたのですが、社長が自らの言葉で、
受賞者一人ひとりの授賞理由をきちんと紹介したのです。
どういう活動をして、どういう工夫をして、どれだけの成果を上げたのか。
数千人の会社なのに、です。
もちろん、原稿を読むのではなく、しっかり理解した上での自身の言葉でした。
だからこそ会場の空気をつかんだのだと感じました。

表彰された従業員は、社長自らが自分のことを紹介してくれたのですから、
さぞ嬉しいに違いありません。
表彰された本人たちは、「この人についていきたい」と思ったでしょうし、
それを見ていたほかの従業員も「いつか自分もこの場で表彰されて、
社長から紹介してもらいたい」と、モチベーションが上がったでしょう。

スティーブ・ジョブズ氏も増田氏も、この社長も、トッププレゼンによって見事にその場の空気や聴衆のテンションを変えてしまいました。

時間にすれば、わずか数十秒から数分の出来事です。

トップが自らの声で、自らの言葉で語りかけるトッププレゼンは、目には見えない場の空気や聴衆のテンションまで一変させる力があるのです。

*出典：Stanford University. *'You've got to find what you love,' Jobs says.* https://news.stanford.edu/2005/06/14/jobs-061505/（参照 2021-06-01）

「トップは社員の精神的リーダーでなければならない」

企業のブランディングを成功させるにはまず、社内向けのブランディング、つまり「インターナルブランディング」をしっかり実施しておくべきです。これができていないと、企業の提供価値や理念といった企業経営の方針が社内に浸透・定着しません。これは従業員満足度に深く関係します。従業員満足度の向上なくして、顧客満足度の向上はありえません。

船団（＝企業）を構成する船（＝従業員）が、船団長（＝トップ）に従わず、異なった目的地を目指して進むようなものです。
その船団は決して目的地に到着することはなく、途中でバラバラになるでしょう。
そうならないように、トップは社員が頼れる精神的リーダーでなくてはなりません。
そうでなければ、社員はトップについてきてくれません。
いずれその会社を辞めてしまうことでしょう。

あなたの会社を見回してみてください。社員はあなたの考えを理解し、あなたを精神的リーダーとして認め、ついてきてくれていますか？
もしそうでないなら、何かを変えなければいけません。

人間には、「自分以外の誰かに寄りかかりたい」と思う心理的側面があります。
自分にないものを持っている人に引き寄せられると言ってもいいかもしれません。
情熱のない人は情熱がある人に寄りかかりたくなりますし、
逆にその情熱のエネルギーに耐えられない人は、そもそも近づいてこないでしょう。
その意味では、必要な人だけを引き寄せるフィルターのような効果もあります。

企業のトップは、人を引き寄せる台風の中心にならなければなりません。

トップは会社の土台であり、中心です。そこで情熱をもって渦を巻き起こして、人を巻き込んでいく役割を果たすことが、企業経営にとっては重要です。求心力がなければ、さまざまな要素からなる集合体としての企業は、先ほどの船団の例のようにバラバラに分解してしまうでしょう。

台風の中心になるとは、社員にとっての精神的リーダーになることです。精神的リーダーとは、社員の精神的な拠りどころであり、目標でもあります。山のようにドーンと構えて、少々のことでは微動だにしないイメージです。企業の長として、一家の大黒柱のように頼れる存在でなくてはなりません。


企業のトップは株主だけでなく、社員に対してもさまざまな責任を負います。そのため、常に真摯かつ誠実であることが求められます。

トッププレゼンをすると、その人が誠実なのか、真摯なのか、そうではないのかが直接的に聴衆に伝わります。真摯さや誠実さは偽ることができません。

株主にとっては、自分が株式に投資した以上のお金を回収できるほどに、トップが会社の価値を上げてくれるかどうかが重要です。

一方で、社員は金銭的な利益（＝給与アップ）は、株主ほどは求めていません。それよりはむしろ、職場の人間関係や働きがいなどを求めている傾向があります。

例えば当社では、新卒採用説明会などで私のプレゼンを聴いて、会社の人間関係の良さに惹かれて応募してくれる学生が毎年かなりの割合でいるとアンケートからわかっています。

しかし実際の私のプレゼンでは、内容に人間関係の良さを盛り込んではいません。にもかかわらず、そういったものを感じ取ってくれる人がいるのです。

話している具体的な内容ではなく、プレゼン前後の社員とのやりとりなどを見てそれを感じているのかもしれません。

社員に安心感や信頼感を与え、明るい未来のイメージを提示することが、トップの役目です。企業の理念や方針、提供価値はきちんと伝わっていますか？

あなたの誠実さや真摯さ、考えなどをまとめて伝えるには、トッププレゼンを実施することが最善の方法です。

プレゼンテーションとは、自分の考えや情報を複数の人々に同時に、自分の肉声を通じて直接伝える手段なのです。

社員があなたのトッププレゼンを聴いて、

「この仕事はやりがいがある」

「この方針なら、今日からさらに頑張れる」

と思ってくれたなら、そのトッププレゼンは成功したと言えるでしょう。

同時に、あなたは社員にとって精神的なリーダーになれているということです。

会社の団結力やインターナルブランディングに不安がある経営者の方は、トッププレゼンをして、自らの考えを伝えてみてください。

正解か不正解かではありません。真摯に準備して心の声を届けることが大切です。徐々にあなた自身が、周囲の人々を惹きつける中心になっていくはずです。

#「ブランドに人間味を憑依させる」

社長やＣＥＯといった企業のトップは、会社の意思決定ができる唯一の立場にあります。トップによる日々の決断は私利私欲のためでなく、会社と社員の幸せのために下されることが理想です。しかし、いくらトップが会社や社員のためを思って意思決定していたとしても、そこに情熱がなければ、そもそも社員はついてきません。

そして、トッププレゼンにも情熱が必要です。
情熱あるプレゼンテーションこそが人を動かすのです。
私はこれまで、約３００人のトッププレゼンを準備段階から間近で見てきました。

なかには、その情熱にこちらが完全に引き込まれてしまうような
トッププレゼンをする方もいらっしゃいました。

「情熱のプレゼンテーション」と言えば、絶対に外せない人がいます。
スティーブン・バルマー氏です。
彼はマイクロソフトの元CEOで、マイクロソフトの立役者として知られています。
彼が有名なのは、その情熱的なプレゼンテーションのおかげもあるでしょう。
情熱だけで言えばおそらく、世界一と言っても過言ではないでしょう。

彼のプレゼンは、登場からインパクトがあります。叫びながら出てくるのです。
見た目は悪の親玉みたいですし、目を血走らせて同じことを何回も言いながら、
全身を使って表現します。あまりの姿に、見ているこちら側は
「この人は狂っているのか、それとも情熱の人なのか、どちらかだろう」
と思います。わずか数分後には全身に汗をかいて、ワイシャツが汗びっしょり。
いつもそうなのです。

マイクロソフトが世界を席巻していった当時、表の顔はビル・ゲイツ氏ではなく、バルマー氏だったのでしょう。彼がその異常なまでの情熱で、世界各国のマイクロソフトの社長や社員を鼓舞して働きかけ、メディアに対しても「強いマイクロソフト」を訴えかけてきたから、マイクロソフトはここまで大きくなったのだと思います。


バルマー氏は、非常に情熱的であると同時に「人間味」もありました。

偉大なブランドには「人間味」があります。

「ブランドに人間味がある」とはどういうことでしょうか。

それは、「ブランドの先に、それをつくった人の思いを感じる」ということです。

もしくは、完璧ではないことや、素な感じも人間味を感じるポイントです。

このようなブランドの人間味は、トッププレゼンによって推進され、やがて大きな価値をもたらします。言い換えれば、
トッププレゼンによって人間味がブランド全体に憑依していくのです。

例えば、アップルの独創性やナイキのポジティブさといった具合です。トッププレゼンには、それらのイメージを定着させて価値を生む力があります。

かつてアップルの製品を買っていた人は、個性や贅沢さを求めていました。それは、アップルが「人とは違う」という独創性を打ち出していたからです。今でこそ、特に日本ではアップルのユーザーが多いのですが、アップルの製品が出始めた当時、同社の広告では人とは違うことを成し遂げてきた歴史上の偉人たちを白黒でいっぱい映し出していました。

かの有名な「Think different」キャンペーンがまさにそれに当たります。ガンジーや大西洋を横断したリンドバーグ、ボクサーのアリといった有名人をたくさん出してきて、「だからアップルは違うんですよ」というわけです。アップルは事前のキャンペーンからトッププレゼンまで一貫しています。良いプレゼンは、事前と事後まで一貫しているものなのです。

「聴衆すべてのベクトルをチャンスへ向かわせる」

良いプレゼンが会社を良い方向へ向かわせることはわかった。

でも、「良いプレゼン」とは、どのようなプレゼンのことなのだろう。

そう思う方もいらっしゃるでしょう。

良いプレゼンとは一言で言ってしまえば、「人を幸せにするプレゼン」です。

その場で相手を褒めて、瞬間的に気持ち良くさせろという意味ではありません。

プレゼンを聴いた人たちが、聴く前には持っていなかったものを手に入れられるプレゼンが、「人を幸せにするプレゼン」だと思うのです。

良くないプレゼンは人を幸せにしません。

プレゼンをしている人の自己満足の代物なのです。


「プレゼンはプレゼントだ」とよく言われます。

私自身もすごく好きな表現です。シンプルで的を射ていると感じます。

「プレゼンテーション（presentation）」の語源は「プレゼント（present）」、すなわち「贈り物」です。つまり、プレゼンでは聴き手に対して何かしらを与えることが原義に含まれているのです。

例えば、今までとは違った物の見方や新しい考え方、決断や行動をするきっかけ、ビジネス上の新たな成功の機会といった、何かしら良い方向へ転ぶきっかけを与えてくれるプレゼンが、「最高のプレゼント」だと私は思います。

「言葉のプレゼント」とも言えますね。


逆に言えば、聴き手がプレゼンを聴いた後で何も行動できない、新しくポジティブな物事を何も得ることができないようなプレゼンは、良くないプレゼンと言っていいでしょう。
読者の皆さまにはぜひ、プレゼンが終わったときに聞き手が一人ひとり、何かしらのきっかけをつかみ、それが新しい行動に繋がるようなプレゼンをしていただきたいと思います。

「贈り物をしよう」という気持ちでプレゼンをすると、自然と聴き手の立場に立とうとします。贈り物をするのであれば当然、相手が喜ぶ物でなければ意味がないからです。相手のことを鑑みず、ただ自分の「やりたいこと」や「伝えたいこと」だけをプレゼンするのは、絶対に、してはいけないことです。

聴き手の立場に立たないプレゼンは自己満足でしかなく、聴き手に何も与えません。

プレゼントは、相手のメリットと言い換えることができます。
これは私の本業であるイベントプロデュースにおいても非常に重要なことです。

相手のメリットを考えるときは、相手のことを知らなければ始まりません。

「どんな人なのか？」「男性なのか、女性なのか？」「年齢層は？」

「何を欲しているのか？」「役職は？」「決裁者なのか？」

「日ごろどんな人間とお会いになっているのか？」

「どんな経験をしてきた人なのか？」

と、相手に対する興味や関心が次々と湧いてくるでしょう。

プレゼンの前には、これらの疑問に少しでも答えておく必要があります。

良いプレゼンのためには、聴き手のことを事前にリサーチしておくべきです。

プレゼントをあげる相手のことを知らずに、相手を喜ばせることはできません。

「恥ずかしい」の正体

ところで、聴衆にプレゼントをあげるような良いプレゼンをしようとするとき、一番の阻害要因は何だと思いますか？　それは、「恥ずかしい」という感情です。

相手にきちんとプレゼントを届けるためには、恥ずかしがらずに、相手の立場に立ったプレゼンをすることが大切です。

もし、「恥ずかしい」という感情があれば、それは自分志向になっている証明です。

相手志向でプレゼンをしていれば、はっきり言って、恥ずかしいかどうかなんて考えなくなりますし、どうでもよくなります。

相手中心のプレゼンをするとき、重要なポイントが二つあります。

一つは相手を褒めること。もう一つは相手の話をよく聴くことです。

まず、相手を褒めるということですが、古今東西問わず、褒めるという行為は人間関係を円滑にするための潤滑油と言われています。

私はマンガが好きでよく読みますが、『鬼滅の刃』というマンガにお館様というキャラクターが登場します。そのお館様がとてもプレゼン上手なのです。

彼は相手を褒めることを欠かしません。

そのため、お館様が話すたびに、聞き手の仕事に対するモチベーションや使命感、組織への忠誠心がぐんぐんアップしていきます。

現実の人間関係においても、褒めることが重要なのは変わりません。

ただし、これみよがしに褒めるのではなく、あくまでも呼吸するのと同じくらい自然に褒めることが大切です。

褒めるときは、次のことに注意してください。

・緊張せずに、自然に、そしてオープンに褒める
・自分から褒める
・褒め方の型を増やして、毎回同じ褒め方をしない
・褒めるときは、褒めること以外の余計なことを考えない

いくつか例を見てみましょう。

「○○さんといると、すごく楽しいです！」

「○○さんにこれをやってもらうと、誰にも負けないですね！」

「○○さんに会えると思うと、嬉しくて昨日は眠れませんでした！」

「○○さんの応援のお陰で頑張れました！」

「うまく言えないけど、何かいいですね！」

どれもさりげない一言ですが、効果は十分にあります。

あなたも、日々のプレゼンで相手を自然に褒めてみてください。

「トッププレゼンをしない大企業はこうなる」

ここまでトッププレゼンのさまざまな効果をお伝えしてきましたが、もしトッププレゼンをしないとすれば、どうなるのでしょうか。

トッププレゼンをしないと、会社の方向性や方針、重要な価値観といった、言わば企業経営の屋台骨にあたるものを全社に浸透させられません。そうすると、いずれその企業はバラバラに崩れ落ちてしまいます。

これがいわゆる中小企業であれば、まだトッププレゼンがなくても何とかトップの声が届く可能性があり、しばらくはしのげるかもしれませんが、それでも徐々に屋台骨は崩れていきます。

ましてや、従業員数が1000人を超えるような、いわゆる大企業だと、トップの声が従業員に届かず、一気に崩壊してしまう危険性があります。

私は今の会社を立ち上げる前に、JTBグループに在籍していました。

私が勤めていた当時、JTBグループの従業員は3万人近くいました。

社長と直接言葉を交わしたのは、8年間で一度だけでしたが、自分でもビックリするほど嬉しく、誇らしかったことを覚えています。

わずか30秒ほどでしたが、鮮明に覚えており、その経験もあって巣立った今でも心から古巣を愛しています。

社長との距離が遠いのは、何もJTBグループに限ったことではありません。

規模の大きい企業は、どこも似たり寄ったりではないでしょうか。

距離が遠ければ、声が届きにくいのは当然です。

だからこそ、トップの声が届きにくい大企業ほどしっかりと時間を設け、トッププレゼンを通してインターナルブランディングを強化して、企業の方針や提供価値などを従業員に浸透させる必要があるのです。

もっとも大企業であれば、すでにさまざまな仕組みが整っているでしょうし、組織が空中分解しても、ある程度は仕組みで持ちこたえられる可能性はあります。しかし、新型コロナウイルスによって社会の前提が変わってしまった現在では、その仕組み自体が機能しなくなっている可能性は少なくありません。

逆に言えば、今だからこそ、トップは今までにない新しい決断や判断をしやすいということでもあります。**新しいことを始めるときや方針転換のときには、よりトップの言葉が求められます。**これからは今まで以上にトッププレゼンによって、トップの意思を言葉にして発信していく必要があるのです。

よく社長がブログを始めたり、本を出したりしていますが、実はこれらは社外向けというよりはインターナルブランディングの一環だったりします。
しかし、これらはいずれも発信する側からの一方通行なので、
今後はそれだけではなく、双方向性を持った対話スタイルのプレゼンテーションが
重要になってくるように思います。

トップが社員やステークホルダーに語りかけていかないと、
従業員のモチベーションは下がり、
従業員がサービスを提供する顧客の満足度が低下し、
従業員に企業理念や提供価値が浸透していないことからブランド価値が低下し、
組織内のコミュニケーション不全が生じることになります。
それにより、組織の学習能力は低下し、会社は機能不全を引き起こします。
経営者からすれば目も当てられない恐ろしい事態が待っている可能性があるのです。

次章では、私がこれまで見てきたトッププレゼンテーションの実例とともに、
トッププレゼンテーションの具体的な技術についてお伝えしていきます。

第 2 章

トップ
プレゼンテーションが
組織を動かす

孫正義氏のプレゼンのすごさは「上手さ」ではない

第1章では、トッププレゼンテーションがいかに重要かを述べてきました。

しかし、トップが話しさえすればどのようなプレゼンでもいいかと言えば、そうではありません。せっかくトッププレゼンをするのであれば、やはり「感動する最高のプレゼン」を目指すべきです。

第2章では、「良いプレゼン」とは何か、さらに深掘りしていきましょう。

プレゼンにおいて、論理的にわかりやすく話すことは重要です。

けれども、それだけでは良いプレゼンにはなりません。

人柄や情熱といった、聴衆の感性に訴える部分も重要だからです。

論理的なプレゼンは、たしかに情報としては理解しやすいのかもしれません。

しかし、論理性ばかり追求しても、聴衆の感性に訴えかけることはできません。

つまり、心に響いてこないのです。右脳と左脳と心に響かせるのです。


聴衆の心に響かせるために、最も重要なことは何か。

それは、「話し手の言葉かどうか」です。要職の人間がプレゼンをするとき、スピーチライターを起用することは珍しくありません。

アメリカの大統領演説の草案をスピーチライターが書いていることは有名ですし、現に日本でも政治家や企業の役員が原稿を他者に書いてもらうことはあります。


２０２０年の東京五輪を勝ち取った日本チームの感動的なプレゼンも、「五輪招致の請負人」と呼ばれるニック・バーリー氏が書いたものでした。

しかし、スピーチライターを起用する場合は、原稿が話し手自身の言葉になるまで、自ら修正を入れたり、声を出して何度も練習したりする必要があります。話し手自身の言葉になっていないプレゼンは、薄っぺらく嘘っぽいと聴衆に感じさせてしまうことがあるからです。

自分の言葉で語るプレゼンは、話し手の人柄や情熱が伝わるものです。それが聴き手の心を打ち、感動や共感を生み出します。そして、それが「行動」に変わるのです。理想的なプレゼンをするには、論理性を追求するばかりでなく、まずは自分の言葉で語ることです。

ソフトバンク創業者の孫正義氏は、スピーチライターを起用しないそうです。英語でプレゼンするときですら、簡単な単語と文章を使い、自分の言葉で話します。そのため、彼の言葉はどれもシンプルなのですが、非常に強く訴えかけてくるものがあります。

そもそも創業社長は、自分の会社や事業に対して並々ならぬ想いを抱いているものです。

創業社長が真摯に会社について語るとき、それは間違いなく自分の言葉であり、二代目社長や社長が創業者から引き継いだメッセージを社員に伝えるときや、中間管理職が上司から託されたメッセージを部下に伝えるときよりも、人々の心に届きやすいという要因はあるかもしれません。

だからといって、二代目社長や社長、中間管理職の方々が、「自分の言葉で」語るプレゼンができないということではありません。

重要なことはシンプルです。

自分の中に深く落とし込んで、自分の言葉で語ることです。

我々イベントプロデューサーもプレゼンテーションが重要な仕事ですが、イベント企画書を作成しているのは優秀なプランナーやディレクターです。それを自分の言葉になるまで、企画書を読み込んでプレゼンに備えるのです。

しかし、ほかにも心に届きやすい要素があります。

誰もが知る経営者でありながら、孫氏のプレゼンは全然かしこまっていません。

彼は幼少期を九州の福岡で過ごしていて、言葉に博多弁のような独特の勢いがあります。その感じに、聴衆は引き寄せられます。

私自身も彼の大ファンで、YouTubeにアップされているプレゼンはほぼ視聴しています。毎年開催されるソフトバンクのイベント、「SoftBank World」にも必ず参加しています。２０２０年のオンライン開催も視聴しました。

わが社のビジネス用の携帯電話はすべてソフトバンクと契約していますが、正直に言えばそれも私が孫氏のプレゼンが好きだからです。


プレゼン自体が堅苦しくなくて親しみやすい上に、たまに口調の強さが出たりするので、それが出たときには「うわぁ、孫さんだ！」となるわけです。

彼が海外に行ったときにも、「スピーチ、スピーチ！」と言われるのは、プレゼンが技術的に上手だからではなく、心に届くからなのです。

イベントに登壇するときには、「孫さん、早く話して！」とその場が一気に盛り上がるので、アーティストのライブと同じような空気感が生まれます。

有名なスティーブ・ジョブズ氏も同様です。
ちなみにスティーブ・ジョブズ氏のプレゼンもすべて何度も見ています。
魅力を挙げればキリがありませんが、ジョブズ氏の一番好きなところは
彼の「いたずら心」です。MacBookに自身を紹介させたり、プレゼン中に
iPhoneで最寄りのスターバックスに会場全員のコーヒーを注文したり……
ちなみに、「嘘だよ！」と言ってすぐに電話を切ったのですが。

孫氏は、論理的な要素と自分の感性や感情の両方を上手くブレンドして、
自分自身の言葉としてプレゼンをし、聴き手を自然と引き込む人です。
さらに、プレゼンで人の心を掴むのが上手い人というのは、自分が話すことで
目の前の人々やその場の空気を変えられることをよくわかっているものです。
その意味では、話す前から結果が見えている人が「プレゼン上手」と言えます。
これは推察ですが、おそらく孫氏も、自分が話したあとの聴衆の変化が
話す前から見えているのだろうと思います。

「糸井重里氏のプレゼンで空気が一変」

「空気を変える」プレゼンの例としては、次のようなものもあります。
イベントプロデューサーとして、とある企業の株主総会を手掛けたときのことです。
コピーライターの糸井重里氏が登場したことがありました。
株主が一堂に会し、重々しい雰囲気のなかで、
糸井氏が壇上に登って次のようなことを言ったのです。
「僕はね、○○さん（トップ）のこういうところが好きなんだ。
こうで、こうで、こうだから、これからも○○さんを応援したいんだ」

声を張るでもなく語りかけるようにポツリポツリと、あの柔和でにこやかな表情で話すのです。

そうすると、それまで少し重かった会場の雰囲気が一気に変わり、優しい雰囲気になりました。時間にして、わずか約1分間の出来事です。

株主総会には50～60代の株主の方々が来ていて、会社の業績について何か言ってやろうと思っていたかもしれません。けれども、彼の話を聴いて、優しい気持ちになってしまったかのようでした。

糸井氏は決して論理的に話していたわけではありません。**自分の感性を前面に押し出して、偽りのない自分の言葉で話していた**のでしょう。

だからこそ、聴衆の心に響いたのだと思います。

これも、感性に訴えかけたプレゼンの例と言えるでしょう。

このように、プレゼンは「理性」と「感性」の両方が大事です。

いくらプレゼンの技術を磨いても、論理的になるように内容をつくり込んでも、良くも悪くも人柄や情熱は自分が思っている以上に聴衆に伝わってしまいます。
何より偽れないものなのです。

「使命感でプレゼンする」

プレゼンをするとき、緊張してしまうという人がいます。
緊張は悪いことではありません。
高いパフォーマンスをするには、適度な緊張が必要とも言われるからです。
しかし、緊張しすぎて本来の力が発揮できないのなら、対策が必要です。
一般の人からすれば、
「会社のトップともあろう人が、人前で話すのに緊張するの？」
と思うかもしれませんが、経営者も人間ですから、もちろん緊張する人はいます。
緊張しすぎてしまうときは、「使命感でプレゼンする」ことを心がけてください。

使命感という言葉を手元の辞書で引くと、「与えられた任務をやりとげようとする責任感」とあります。

プロローグでケネディ元大統領の演説をご紹介しましたが、あの演説からは、大統領としての使命を果たそうとする彼の責任感、あるいは決意を感じ取れました。

組織のトップとして人々に語りかけるとき、あなたには使命があるはずです。

社員の意識を変えたいのか、モチベーションを高めたいのか。

はたまた、ステークホルダーに協力や応援をしてもらいたいのか、自分たちのことを理解してほしいのか。

トッププレゼンを通じて何を実現させたいのか、ということです。

良いプレゼンとは、一言で言ってしまえば「人を幸せにするプレゼン」ですが、トッププレゼンのゴールはどこにあるのでしょうか。

その答えは、人によって違うということになります。

「そんなことを言ったら、身も蓋もないじゃないか」と思われるかもしれませんが、実際にそうなので、このようにしか答えられないのです。

そもそも、トッププレゼンをする人自身がどのような使命感を持って、何を目指しているかによってゴールは変わります。

先に挙げた例で言えば、ブランド力の向上を目指す人にとっては、聴衆に強いブランドイメージを持ってもらうことがゴールかもしれません。

社員のモチベーションアップを使命としている人にとっては、プレゼン後に社員の仕事への取り組み方が変わることがゴールかもしれません。

人それぞれとは言っても、ゴールに共通する要素はあります。

大事なことなので何度でも話します。まず、トッププレゼンを聴いた人たちが、聴く前には持っていなかったものを手に入れること。

次に、そのプレゼンによって、自分が明るい未来や将来を想像できること、つまり聴衆にメリットがあること。

そして、プレゼンを聞いた後に何かしらの行動が喚起されることです。

いずれも未来志向であることには変わりありません。

つまり、「**明るい未来につながること**」**が、トッププレゼンのゴールとして**

共通していることだと言えそうです。

良いプレゼンの条件からすると、
「年次総会で社長が話す時間が設けられているからプレゼンをする」
というのでは、なかなか使命感を持つことはできません。
また、なかには新しく管理職になったばかりで実感がなく、
もしかしたら使命感もないという人もいるかもしれませんので、
使命感を生む方法についても言及しておきます。

使命感は、自らの任務、つまり果たすべき役割を自覚することで生まれます。
「自分が何を成すべきか」という大きな目的意識を欠いていては、
当然それにともなう責任感も生まれてきません。
そうすると、使命感も生まれないということになってしまいます。
着任したばかりであれば、任期中に何を成し遂げるのかをプレゼンする前に
自分の腑に落ちるまで一度じっくり考える時間が必要かもしれません。

プレゼンで緊張するとき、意識は自分に向いています。

「自分はどのように見えているだろうか？」

「自分はおかしくないだろうか？」

と、自分のことに意識を向けているから緊張するのです。

逆に「使命感でプレゼンする」とは、意識を目的に集中させるということです。

親身になって誰かにアドバイスをするとき、緊張するでしょうか？

相手のためを思っているので、話している間も相手の反応に集中していて、緊張している自分を意識することもないのではないでしょうか。


シチュエーションは違いますが、プレゼンもそれと同じです。

自分ではなく使命や聴衆に集中すれば、緊張を和らげることができます。

相手が１人でも１０００人でも同様なのです。

したがって、人前で話すときに必要以上に緊張してしまう人は、自分の役目や役割に応じたプレゼンの目的を再確認し、それを成し遂げることだけに集中しましょう。

「人前でプレゼンなんてありえなかった過去」

私自身の話をさせてください。
私は29歳ごろまで、プレゼンが苦手どころか人前で話すことさえ大の苦手でした。
緊張して顔が赤くなるのです。
自分が失敗しないか、変に見られないかばかりを気にしていました。

ところが、ある日、気づいたのです。
「なんて自分勝手で格好悪いんだ。自分のことばっかりじゃないか」

なぜそんな風に思ったかは覚えていません。映画か何かの影響のような気もします。
そこから一切緊張しなくなりました。

「話し手である自分が主役なのではない。聞き手が主役なのだ」

そういう想いでプレゼンをすると、良いサイクルが回り出しました。
話し方を褒めていただいたり、イベントを任せてもらえたりしました。
プレゼンに対してその想いが生まれただけで、
なんと企画書そのものも顧客や参加者想いになっていったのです。
つまり使命感を持ってプレゼンをすることは、
単に緊張してしまうときの対策としてだけでなく、プレゼンの内容を良くし、
成果を高めるためにも有効なのです。
目的の遂行に意識を集中するのですから、自ずと成果に結びつきます。
さらにここでは同時に、プレゼンによって聴衆の心のなかに使命感を生み出すこともできると知ってほしいと思います。

何によってやる気が出るかは人それぞれ違います。

でも、トッププレゼンによって社員が目的意識に目覚め、

「よーし、自分たちも社長の目指す〇〇のために一緒にやってやるぞ！」

と使命感に燃える例を、私は数多く見てきました。

トッププレゼンが、すべての関係者の心に火をつけるのです。

使命感は本気で物事に取り組む人にしか生まれませんし、そのような覚悟を持った人にしか、使命感に支えられたケネディのようなプレゼンはできません。
あなたの使命は何でしょうか？
きっと必ずあるはずです。その使命を全うするために、
プレゼンテーションとの向き合い方が、より大切な時代になっています。

「聴衆が腑に落ちるプレゼンにするには？」

すでにお話ししたように、プレゼンを成功させるには、三つのＰが重要です。私はこれらを文字どおり３Ｐ理論と呼んでいます。

- Personality（人柄）
- Program（内容）
- Platform skill（伝達技術）

3Pの一つ目、Personality（人柄）は、
その人の持つ品格やキャラクターといった本質的な次元の話ではなく、プレゼンを通じて聴衆に伝える「人柄のイメージ」のことです。
プレゼンを成功させるには、まず、聴いている相手に自分に対して安心感と信頼感をもってもらう必要があります。これらが醸成されなければ、聴衆はあなたのプレゼンに対して聴く耳を持たないでしょう。
ただし、上辺だけの正直さや誠実さ、真摯さではいけません。

例えば、あなたが社内向けにトッププレゼンをしたとします。

そのときにいくら誠実で真摯なイメージを演出しながら話していても、誠実さ、真摯さというのは、やっぱりごまかせません。どんなに繕っても、プレゼンをすれば人間性などのいろいろな面が晒されてしまいます。

ちょっとした抑揚や目つき、表情などから、本人が思っている以上に聴衆には伝わってしまうものなのです。

それに、トップは普段から社員に見られています。

普段の社内での振る舞いがプレゼンとまったく違うとしたら、そのプレゼンはまったく説得力を失ってしまうでしょう。

誠実さや真摯さは、一朝一夕に身につくものではありません。

普段からそのように心がけ、行動していなければならないのです。

もしそれができていないと思う読者の方がいれば、トッププレゼンを機に日常の自分の振る舞いを改めてみると良いかもしれません。


そうは言っても、**人柄はある程度プレゼンテーションを通じて演出できます。**

もともとまったくない要素を付け加えるのは難しいかもしれませんが、人柄のある特徴をプレゼンの演出で際立たせることは、よくあります。

例えば、服装もその演出の一つです。特にプレゼンの演出において見た目の要素は重要なので、これについては後述します。


二つ目、Program（内容）は、プレゼンで伝えるべき内容そのものです。

新製品の一番の特長について伝えたいのか、今後の会社の方針について伝えたいのかで、当然話す内容は異なります。

いずれにしろ、内容が明確でしっかりしていないと、いくら見せ方や演出の仕方がうまくても、良いプレゼンにはなりません。聴衆からすれば、中身のないただのパフォーマンスに映ってしまいます。


また、聴衆に伝えたいキーメッセージは、短いものであることが重要です。長いメッセージは、なかなか覚えられません。

キーメッセージが長くなってしまうときは、極限まで短くなるように事前にブラッシュアップすることです。

そうすることで、研ぎ澄まされたメッセージになります。


例えば、iPodを初めて紹介したときのスティーブ・ジョブズ氏のプレゼンでは、「ポケットに1000曲を」というフレーズを使って、見事なまでにその特長を伝えました。

オバマ元大統領の「Yes, we can.」もそうです。
そのキーメッセージが独り歩きするイメージでプレゼンテーションするのです。
優れたキーメッセージを効果的なタイミングで伝えれば、
本当にどこまでも独りで歩いていきます。
あらゆるＣＭも30秒にキーメッセージを込めていますよね。

三つ目、Platform Skill（伝達技術）とは、
プレゼンのさまざまな「伝達技術」そしてその「考え方」のことです。
例えば、話し方や映像の見せ方、スライドのデザインといった事柄がそれに当たります。
そして冒頭から何度もお伝えしているプレゼンに臨むスタンスやプレゼン後に聴衆が得るもの。それらすべてが重要です。

皆さんがプレゼンの「技術」と聞いて真っ先に思い浮かべるのが、
この伝達技術でしょう。しかし、実はこれら３Ｐはすべてが技術とも言えます。

正しい過程を経れば誰でも習得することが可能だからです。これらを習得すれば、行動を起こさせる素晴らしいトッププレゼンができるようになるはずです。

プレゼンの時間は、どのようなイベントかによってさまざまです。5分のときもあれば、1時間のときもあります。

プレゼンの時間が5分であれ1時間であれ、時間に関係なく聴衆の心を掴み、飽きさせないプレゼンをするには、次のような構成がおすすめです。

(1) 始めのあいさつで勢いを

基本的には人は第一声のボリュームをその後は超えられないと言われています。つまり基本的なことですが大きな声です。

まだ雑談をしていた聴衆が一斉に振り向くような「通る声」であること。

(2) 導入は感謝を伝える最高の場

そして第1章のジョブズ氏のスタンフォード大学の事例で伝えたように

聴衆にちゃんと敬意を伝えること。

自分のことを上手に伝えたくなりますが、それよりも聴いてくれる方に、その場の機会を与えてくれたことに感謝をすることから始めます。

(3) 聴衆全員と波長を合わせることが奥義

ケースバイケースですが先に全容を伝えることで参加者の頭の中を整理します。

プレゼンで重要なのは「相手の立場に立つ」ことです。

一方的に情報を伝えても相手の芯には伝わりません。

ましてや行動に繋げるなど到底かないません。

国内最高峰の大学を出ても、プレゼンがよくわからないこともあります。

話し手と聞き手の波長がすれ違っているからです。

私がおこなうプレゼンのイメージは、ボールを真っ直ぐに相手に投げるのではなく、放物線を描きながら相手の腹にプレゼンを落としていくイメージです。

「光畑さん、何を言っているんだ?」と一部読者の方の声が聞こえるようですが、腑に落ちると人は行動まで変わってきます。五臓六腑の「腑」です。

耳でも脳でもなく相手の腑に落とすイメージでプレゼンしてください。
それを全聴衆とするのです。その波長を最初の段階で合わせておくことが奥義です。

(4) リズム、抑揚、間(ま)をとる

実際は人によってプレゼンの内容はそれぞれだと思いますが、
(1)、(2)、(3)を踏まえて(4)に入れば、
すでにかなり話しやすい雰囲気になっています。
ここでお伝えすべき大切なことは、
「流れるようなリズム」「抑揚」そして「間をとること」です。
リズム? 抑揚? 間をとる? そんなのどうすれば? それは練習です。

YouTubeでジョブズ氏や孫氏のプレゼンを何度も見てください。
意外なほど、文字量は少ないのです。
私は「**捨てた言葉が多いほど、残った言葉が輝く**」と考えています。
何もかも伝えてはいけません。言葉を捨てるのです。

その後は練習で口に出してみるのです。何度も出してみるのです。

あのジョブズ氏ですら一人で何度も練習していたのですから、
我々がプレゼン練習を疎かにしていい理由はどこにもありません。

ここで私なりのポイントをお伝えすると、
練習は原稿を覚えるためにするものではない、ということです。
もちろん、本番では原稿を見ずにプレゼンするほうがいいでしょう。
けれど、一度リセットして、練習とは違う内容になっても良いと考えています。
「では、なぜ練習するんだ？」と思うかもしれませんが、
練習は自身の腹に落とすためにするのです。
そして、話しながら、聞き手の立場で自身のプレゼンを聞くのです。
そのプレゼンにおける「流れるようなリズム」「抑揚」「間をとること」を
自身で進化させていきましょう。

「そこまでする必要があるのか？」と思われるかもしれません。

私は、このプロセスが必要だと確信しています。

それだけ、皆さんのプレゼンテーションが与える影響は大きいのです。

「5時間」とまでは言いません。本気で1時間だけやってみてください。

本気で、です。多忙だとは思いますが、ほかのことはすべて忘れて、そのプレゼンの練習だけに全集中してください。

本当に聞き手がいると思って一生懸命やってみてください。

もし今、プレゼンの練習をする材料がなければ、過去の全社会議の資料や過去の企画書を使っても良いでしょう。

必ず自身のプレゼンの進化させるべきポイントが見えてくるはずです。

（5）最後にもう一度キーメッセージ。そして聴衆への感謝を述べる

最後にもう一度キーメッセージを伝えます。

「Yes, we can.」や「I have a dream.」も、何度も繰り返しています。

有名なのは、ジョブズ氏の「Stay hungry, stay foolish.」ですね。

一番伝えたいメッセージをシンプルに短く力強く伝えましょう。

重要なのは、聞き手それぞれと目を合わせながら伝えることです。

「何百人もいるので、目を合わせられないよ！」と思うかもしれません。大丈夫です。目は合います。そう信じて一人ひとりと目を合わせてください。

ちなみに、プレゼン中の視線はなるべく後方の席に向けてください。そうすることで声も遠くに届きやすくなるのです。

王道のテクニックですが、やはり非常に有効です。

「イシューを押さえ続けると心に残る」

プレゼンでは内容と伝え方の両方が大事ですが、
まずは伝えるべき内容の本質的な問題（イシュー）を見誤らないことが大切です。
本質的な問題をはっきりさせるためには、要約力がものを言います。
先ほどの「キーメッセージは短くする」ということと通じますが、
思い切って捨てることで、本当に伝えるべき内容が明確になってくるのです。

例えば、トッププレゼンを何のためにするのか考えてみましょう。

「業績を向上させ、会社のブランド力を上げたい。
しかし今年度の戦略の浸透や社員のモチベーション向上も急務だ」
となったときは、どのようにイシューを絞ればいいのでしょうか。
一つには絞れないと思うかもしれませんが、あえてどれか一つに絞るとすると、
株式会社グローバルプロデュースの社長として、現段階で私なら
「ブランド力の向上」を選びます。信頼されるブランドをつくり、
より多くのお客様に必要としていただくことが最優先です。
お客様に心から信頼され、喜んでいただければ、業績は後からついてきます。
それが経営的に正解かどうかはわかりません。
しかし、プレゼンにおいては絞ることこそが大切なのです。
内容を要約して捨てていくと、最終的にイシューが残ります。

伝えるべき内容を見つけて聴衆や参加者に伝えることを、
一般的に「イシューを押さえる」と言います。
プレゼンやイベントのプランニングでは、このイシューを「押さえ続ける」ことが

重要だと考えています。つまり**どのような局面でも、何のためにその場があり、何のためにプレゼンをするのかを忘れてはいけない**ということです。

プレゼンのなかで瞬間的にイシューを押さえることは皆さんよくされるのですが、イシューを押さえ続けている人はさほど多くありません。

何のために伝えるのか？　聞いてくれた人に何を届けたいのか？

そして、その人たちにどう考えてもらい、どう行動してほしいのか？

そのためには、どういう伝え方をして、どういうストーリーが必要なのかを一貫して考え抜かなければいけません。

イシューを押さえたら、先ほどもお伝えしたように、伝え方もそれに応じて変えていきましょう。間のとり方、抑揚のつけ方、話すスピード、声の大きさといった伝え方の一つひとつがイシューを押さえた内容と相まって、心に残る一貫したプレゼンができあがっていくのです。

一般的に、キーメッセージを伝える直前に一呼吸置いたほうがいいとか、大事な箇所はゆっくり話したほうがいいとか、抑揚ある話し方ではっきり大きな声で話したほうがいいなどと言われます。しかしそれもイシュー次第です。現に、糸井重里氏の例では、抑揚なくポツリポツリと話していても、効果はバツグンだったのですから。

「一文は短く簡潔に」

プレゼン全体を通じて聴衆の関心を引き、伝えたいことをしっかり相手の心に届けるには、まず出だしが重要だとお伝えしました。最初の印象を決定付けるために、始めのあいさつで勢いに乗る必要があります。言わば、相手の関心を引き付けるための「掴み」です。

あいさつで勢いに乗れたら、次はいよいよ本格的に話し始めます。話すときは、「一文を短く簡潔にする」ように注意してください。一文が「〜で、〜で、〜です」という複文あるいは重文だと長くなり聴き手からすれば、主語述語の関係が捉えにくくなります。

「～です。したがって～です」と単文にして一文を短く区切ったほうが、相手にもわかりやすく伝えることができます。

人の脳はそこまで大量の複文を即座に整理できません。

本書も実はプレゼン原稿のように、一文をなるべく短く言い切るようにして、多く改行を入れています。

聴衆を飽きさせないストーリーテリング

ではここからは、
聴衆を飽きさせないためのストーリーテリングの方法についてお伝えします。
プレゼン構成に雛型があるように、プレゼンの内容にも理論や型があります。
ここでは、私がよく使う理論の中から代表的な三つを紹介します。

・ＰＲＥＰ法（Point, Reason, Example, Point）
・ＡＩＤＭＡ法（Attention, Interest, Desire, Memory, Action）

・ショック法（相手が驚くような数字、情報を出して相手の興味関心を引く）

ＰＲＥＰ（プレップ）法

順番に解説していきます。まず、ＰＲＥＰ（プレップ）法についてです。
これは要点（Point）→理由（Reason）→具体例（Example）→要点（Point）
という順番で構成された話し方、あるいは文章構成のことです。
プレゼン以外にも報告や記事作成などにおいても、よく使われる方法です。

ＰＲＥＰ法を使用するメリットは、短時間で論理的にわかりやすく
内容を伝えられることです。一般的にプレゼンが上手だと言われている人は、
この「理由」と「具体例」が的確なことが非常に多いです。
「なぜなら、こういう理由だから」
「例えると、こういうことだと考えている」
と、論理構造が明確なのです。

一つ練習してみましょう。

Point 新型コロナウイルスの影響で、
オンラインイベントの需要が増えています。

Reason なぜなら、オンラインイベントであれば感染を心配することなく
イベントを楽しむことができるからです。

Example もしオンラインではなく従来の対面式でイベントを開催すれば、
ソーシャルディスタンスを維持することが難しく
人と人との接触が起こり、クラスターが生じる可能性があり、
感染拡大の恐れが出てきます。

Point だから、その心配がない安全な方法として
オンラインイベントを希望する企業が増えています。

AIDMA（アイドマ）法

これは広告でよく使われてきた考え方です。広告手法としてはさらに進化し続け、

今では別の言い方が普及しているようです。プレゼンにおいては今でもＡＩＤＭＡの五つの要素を覚えておくと、困ったときに参考になります。

Attention 注意を引く
Interest 興味を持たせる
Desire 欲望を喚起する
Memory 記憶させる
Action 行動を起こさせる

ＡＩＤＭＡはこれらの頭文字をとったもので、人間の消費行動のモデルです。マーケティングだけでなく、プレゼン構成にも汎用できます。

最初のステップである、Attentionで相手の注意・興味を引きます。プレゼンでは話を聴いてもらうという入り口に当たります。

次に、Interestでは、相手にこちらの話を単に聴いてもらうだけではなく、話に興味を持ってもらうようにします。
「おっ！　これは有益な情報が得られそうだ」と感じてもらうのです。
その次の、Desireでは興味を持ってもらった話の内容に対して、
「もっと知りたい」あるいは「その製品が欲しい」といった具合に、
相手の欲望を喚起します。この話を聞くことでどのような良いことがあるのか、
欲望に訴えかけるのです。
さらに、Memoryの段階では、欲望を喚起した内容について
しっかりと記憶して（思い出して）もらいます。
人は恐ろしいほど、忘れます。
どんなに素晴らしいプレゼンをしても、残念ながらほとんど忘れます。
自分自身を振り返ってみてください。
ね？　忘れているでしょう？
だからこそ、このMemoryが大切です。
全文を記憶してもらうなんて到底無理です。

半分？　……無理です。
10分の1？　……ギリギリです。
「これだけは！」というポイントを事前に明確にしておくことが大切です。
そうすることで、それが最後のActionにつながり、
実際にプレゼンを聴いた人の「行動」につながるのです。
行動あるいは意識の変革をもたらすことがプレゼンにおける出口に当たります。

ショック法

最後にショック法ですが、これは、話す内容に相手が驚くような数字や情報を出すことで、相手の興味関心を引き記憶に残させる方法です。


例えば、次のようなものです。

「私はFacebookで友だちが９０００人います」

「当社は創業以来ずっと３００％成長です」

「リアルでは参加者数２００人のイベントが、オンラインでは1万人参加でした」

どうでしょうか？　驚くような情報が出てくると、

「どうすれば、そんなことが出来るの？」「もっと知りたい！」と

自然に興味関心が湧いてきますよね。

これらの理論を上手く活用してプレゼンの内容をつくり上げていくことで、

プレゼンの途中で何度も聴衆にワクワクしてもらい、

継続的に聴衆の興味関心を引き続けることができるのです。

つまり、聴衆の記憶に残ります。

熟知性の法則

響くプレゼンをするには、相手の話をよく聴くことが大事です。

これは傾聴力とも言います。

一般的に、私たちは自分が好感を持っている人の言うことはよく聴く一方で、自分が嫌いな人の言うことは聞かないものです。

ポーランド生まれのアメリカの心理学者、ロバート・ザイアンス氏による「ザイアンスの熟知性の法則」があります。

この法則はごく簡単に言えば、次のようになります。

「人は知らない人には攻撃的、批判的であり」

「人はその人に会えば会うほど好きになる」
「人はその人の人間的側面を知ったとき、さらに好意を持つ」
つまり、相手に好感を持ってもらおうとするならば、
会う頻度を増やして、自分の人間的側面を相手に開示することが重要なのです。
しかし、トッププレゼンを聴いてもらうすべての対象者と頻繁に会うことは難しく、
人間的側面を開示する機会はかなり限られているのが実情でしょう。

そこで**日ごろから相手の話に耳を傾けること**が、より重要になってきます。
相手と誠実に向き合い、相手の気持ちや感情などを、
相手になりきって100％理解しようという気持ちで挑むことが大切です。
聞き取れる言葉だけでなく、表情やしぐさ、さりげない動作、息づかいなどにも
相手の心は表れます。相手の言葉に耳を傾けるだけでなく、
相手の心をしっかりと受け止めてください。それを意識しているだけで、
あなたのプレゼンはまったく違ったものになるはずです。

「プランニングとプレゼンは相互補完で」

これまでご紹介してきた技術面や心理的側面は、プレゼンを成功させるために知っておくべき最低限の技能です。

しかし、これら最低限の技能だけでは、

残念ながら、あなたのトッププレゼンを成功に導くことはできません。

プレゼンを成功させるためには、

プレゼンのためのプランニング（企画・立案）が欠かせません。

そもそもプレゼンというのはプランニングの結果として出てくる「成果物」です。
その成果物をつくりあげるために綿密にプランニングして、
ときには何十時間も準備と練習に時間をかける必要があるのです。
プレゼンを成功させるには、
「プランニングが7割、本番のプレゼンが3割」
と言ってもいいほど、プランニングが重要なのです。

プランニングと言うと、幅広い言葉になってしまいます。
その実体は、業界や職種によりさまざまです。
製品設計や事業計画、政策発表などもすべて計画をつくってから、
それを伝えるためのプレゼンを準備します。
私にとっては、それがイベントの設計図であり企画書です。
どれだけ伝える技術があっても、伝える内容が疎かでは本末転倒だということです。

良いプランニングは良いプレゼンを生み出します。

プランニングとプレゼンは相互補完の関係にあり、プレゼンの理論や技術が逆に良いプランニングにもつながります。


例えば、あなたにとって理想の企画書とは、どのようなものでしょうか？

私にとっては、クライアントに評価されてわが社を選んでもらえる企画書であり、クライアントが大切に考えている参加者や視聴者に感動を届けられるような「プレゼント」につながる企画書のことです。


ちなみに、私は話しながら企画書を作成します。

「皆でミーティングして企画をつくるのだな」と思いますよね？

違うのです。一人でプレゼンしながら企画書を作成するのです。

……危ない人ではありません。

話しながら作成できるということは、相手に言葉で説明できるほど、ポイントが明確だからです。

「企画書に何をどう書いていいかわからない」
と若手社員に相談されることがあります。
その企画書を見てみると実際、本当にわかりにくい。
そこで、「この企画について説明してみて」と言うと、説明には問題がない。
むしろ素晴らしい。
そういうときは、**「今話したことを企画書にすればいいんだよ」**と教えます。
最初から下手にレイアウトや美しさにこだわる必要はありません。
それは後で、どうとでもなります。

プランニングが良ければ、プレゼンが良くなる可能性はとても高くなります。
これらは相互補完的なので、プレゼンの理論や技術を理解・習得していることが、
良い企画づくりにも役立つのです。
これからは、プランニングとプレゼンを切り離して考えるのではなく、
これらが相互補完の関係にあり、それぞれの知識や技術が互いに相乗効果を生むと
理解したうえで、プランニングとプレゼンに臨んでほしいと思います。

「「こうしたい」「こうしてほしい」を伝える」

プレゼンにおいては、いくら良いアイデアが頭のなかにあっても、それを言語化して聴き手にわかるように表現しなければ意味がありません。

「言わなくてもわかるでしょ」は通用しないのです。

そして、伝わらないことは存在していないのと同じです。

相手が人間である以上、とにかくはっきりと言語化して伝えることが大事です。

また、自分がプレゼンを通じて伝えるだけでなく、**プレゼンを通じて**

聴き手に何を求めているのかをはっきり伝えることも同様に重要になります。

自分が何を考えていて、どうしたいのか、そして参加者に何を求めているのか。飾る必要はないので、ストレートに伝えてください。

自分がどうしたいのか、相手にどうしてほしいのかをトップ自身がプレゼンで明確に示せば、聴衆はその考えを受けて自分の行動を決められます。

社長がどうしたいのかわからない、自分に何が求められているのかわからない、というのでは、社員は困ってしまうでしょう。

もし社長の考えに賛同できない、期待に応えられないと思う社員がいたら、辞めていくだけです。そういう時代です。ビジョン、考えが合わないのなら、厳しいようですが、そうしたほうが互いに幸せというものです。

ただし、伝え続けることが大切です。それも何度も真摯に。


社長の意思を明確に示すことが大事である例として思い出すのが、某企業の表彰式をお手伝いさせていただいたときのことです。

全国から営業職が一堂に会する大規模なイベントだったので、

プロデュースする側としていろいろなプログラムやコンテンツを提案しました。
しかし、社長曰く「そんなにあれこれ入れてはいけない」とのこと。
「表彰式では、1年間頑張ってきた人たちをしっかり表彰する。それが大切です」
とおっしゃいます。
私たちとしては、全国から営業が集まった機会なので、
新しいビジョンや理念をどう浸透させるかなどを考えて提案したのですが、
「そんなことは必要ない」と言うのです。
先のことではなくて、過去1年間頑張った人たちをしっかり讃えたいと。
しかも、表彰者の一人ひとりに表彰状を手渡しすると言います。
「時間がかかってもいい。5時間かかってもいいんだ」と、
実際に5時間かけて表彰者一人ひとりに表彰状を直接手渡ししました。
このことは、自分がしたいこと、そして相手にこうしてほしいことを
はっきりと伝えることが、いかに重要かを再認識した一件でしたが、
大変勉強になりました。プレゼンでもその重要性は同じです。

「欧米流プレゼンは見せ方がうまい」

日本人はプレゼンが下手だと言われます。
欧米では「パブリックスピーキング」という授業があり、学生時代からプレゼンの技術を叩き込まれるだけあって、たしかに欧米人のプレゼンは洗練されている印象です。

例えば、オーバーリアクション気味でわかりやすく、聞き手を飽きさせないようにところどころにユーモアをちりばめています。

広いステージの上では、視覚的に飽きさせないように、ステージ上を歩き回るウォークアラウンド方式も欧米人に多く見られます。

一方、日本人は真面目なのか、プレゼンにあまりユーモアがありませんし、演台の前に立ったまま、歩き回ることはしない人が多いように思います。

「欧米流のプレゼンが素晴らしく、日本人は欧米人のプレゼンを見習うべきだ」と言うつもりはありません。私は、そうとも限らないと思っています。

日本人には日本人なりの、日本流の「良いプレゼン」があるのではないか、と考えているのです。


なぜそうなのかは後述しますが、ここではまず、欧米流プレゼンの力強さにいったん焦点を当ててみましょう。

グローバルに通用するのはやはり欧米流であることも一つの事実なので、海外展開している会社などは欧米流のやり方を求められることもあるでしょう。

プレゼンに限らず、欧米では自分の考えを述べることが重視されます。学校教育でも「あなたはどう思う?」と、自然に考えを尋ねているようです。

グローバル化する世界においては、日本でもビジネスの世界に限らず、自分の考えをきちんと伝えることが、ますます重要になっていくと思います。

特にトップはそうすることを強いられるでしょうし、それができなければトップとしては失格ということになります。

私がこれまで間近で見たなかで最も印象的だったのは、オバマ元大統領の妻、ミッシェル・オバマ氏のプレゼンです。

サンフランシスコに行ったときに彼女のプレゼンを聴く機会があったのですが、彼女のプレゼンは正直、衝撃的でした。

「この人もいたから、オバマさんは大統領になれたんだな」とも思いました。

彼女のプレゼンは、一瞬で笑いと涙の渦を巻き起こしました。

気配(オーラ)も普通ではありませんでした。

日本でも知られているように、
彼女は恵まれない子どもたちのためにボランティアをしていることでも有名です。
その日は平日のイベントで、たくさんの子どものボランティアが
オープニングセレモニーに出演していました。
彼女は登壇するなり、ステージで出迎えたイベントの主催者に向かって、
「今日は平日だったわよね？　何でこの子たちがここにいるのかしら」
と茶目っ気たっぷりに言ったのです。その瞬間、会場は大盛り上がり。
登場して最初の一言で、人々の心をもう掴んでしまったのです。

この日はセールスフォース社のイベントだったので、途中からは彼女と
同社の社長であるマーク・ベニオフ氏の対談になりました。
セールスフォース社と言えば、マーケティングオートメーションの分野で今や
世界ナンバーワンの企業です。
ベニオフ氏は、アメリカ西海岸ではジョブズ氏やザッカーバーグ氏並みの有名人です。
しかし彼女はステージ上でベニオフ氏を圧倒するような勢いで話し、

ときには冗談を言ったりもしていました。しかも、最高のポジティブな笑顔で。
ベニオフ氏はたじたじ。普段は見られないような光景を目の当たりにして、
聴衆は面白がり、どんどん引き込まれていきます。
けれども、後半にはしっかりベニオフ氏を讃えて、
彼の事業がいかに世界を良くしているかを聴衆に伝え、対談を終えました。
これがわずか開始後数分間の出来事なので、すごいとしか言いようがありません。

日本でプレゼンの名手といえば、スティーブ・ジョブズ氏が有名です。
ですが、個人的には、スティーブ・ジョブズ氏よりもプレゼン自体のパワーがあるのではないかと思いました。ジョブズ氏のプレゼンの内容は素晴らしく、
その意味では脚本力はジョブズ氏のプレゼンが上かもしれません。
しかし、聴衆に訴えかける異様とも言えるパワーは、
ミッシェル・オバマ氏のほうが優勢なように思います。とても感動しました。
彼女のプレゼンは欧米流のプレゼンのなかでも特に秀逸で、
私も思わず引き寄せられてしまった良い例だといえます。

「日本流プレゼンの素晴らしさ」

欧米流ではないけれど素晴らしいプレゼンとは、一体どのようなものなのか。

第1章でTSUTAYAを展開するカルチュア・コンビニエンス・クラブの創業社長、増田宗昭氏のプレゼンをご紹介しましたが、増田氏によるトッププレゼンは決して欧米流ではありませんでした。それにもかかわらず、その場の空気を変えて従業員のモチベーションを見事に高めました。

何が良かったのかと言えば、自ら胸を開いて本音で話したことです。

しかも、飾らない自分の言葉で。自分たちはレンタルビデオ屋ではないのだ、と。

それが聴いている人の心に響きました。

このイベントでは、増田氏のプレゼンの前に、特別にキャスティングしたアーティストのライブや全国の店舗のスタッフが発表する映像、参加者へのプレゼントなど、工夫を凝らしたコンテンツがたくさんありました。

けれども、増田氏の数分間のプレゼンで、すべて持っていかれてしまいました。

たった一つのトッププレゼンが、何よりも従業員の心に残ったようでした。

トッププレゼンの持つ力には、本当に驚かされます。


素晴らしい日本流プレゼンの2例目は、ドトールの事例です。

ドトールのイベントをお手伝いしたときに、創業者の鳥羽博道氏がトッププレゼンをしたことがありました。

すでにご高齢でずっと立っているのは負担になるため、大きなステージのセンターに椅子を置いて、座ったままでのプレゼンでした。

そのため、身振り手振りはほとんどなかったのですが、心に響くものがありました。

聴衆は700人くらいいたでしょうか。

その壇上で鳥羽氏がゆっくりとした口調で、こう言ったのです。

「ドトールに来てくれたお客様に、決して、わびしい思いをさせてはいけない」

さらに、鳥羽氏が続けます。

「低価格だからこの程度だろう、と思われてはいけないよ」

「店内はいつも綺麗にしなきゃいけない。コーヒーもお待たせしない」

「皆元気にごあいさつしなきゃいけない」

シンプルな内容でしたが、言葉選びが上手で誰にとってもわかりやすく、間のとり方がまた非常に良かったので、とても心に残りました。


私はすぐにメモをとりました。

わが社の経営や企業のスタンスにも、大きな影響を与えるプレゼンとなりました。

まさに、私にとってプレゼントだったのです。

以前はドトールに対して「カフェチェーン」というイメージがありましたが、今はサービスレベルが非常に高く、コーヒーも美味しいお店という印象です。

日本でおこなうプレゼンは、必ずしも欧米流である必要はありません。
無理にユーモアを入れようとして、それが不自然に目立ち、逆効果になることだってあるのです。

自分の言葉で誠実に大切なメッセージを伝え、相手の立場に立ちながら話せば、欧米流でなくても、十分に聴衆の心に響くプレゼンができるのです。

「品性のある見た目は必須」

見た目や服装というのは、プレゼンの３Ｐ理論におけるPersonality（人柄）に関わってきます。プレゼンの神様は、細部に宿るので、原稿やスライドを完璧に準備してくる人は大抵、服装もちゃんとしています。

自分の人柄やキャラクターに合った、清潔感のある服装であれば、スーツの必要はありません。ジーパンにＴシャツにスニーカーでもいいでしょう。

ただ、靴だけは綺麗にしておいたほうがいいと思います。

以前、ある企業のトッププレゼンを舞台袖で見ていたときに、その方の靴が少し汚れていたことがありました。「あれ？」と思ったのですが、その会社は数年後になくなってしまいました。
「イベントスタッフなら、ちゃんと伝えるべきでは?」と思われるかもしれません。
当時の私は若く、大企業の社長は皆、普通ではないオーラがあります。
私は萎縮してしまい、お伝えできなかったのです。
自分の見た目を気にしていない、靴の汚れに気がつかないということは、
注意力や観察力が欠けているということなのだと思います。

服装や見た目にはその人の品性や人柄がにじみ出ます。一方で、
それらを気にかけることで、相手に与える印象をコントロールすることもできます。
見た目は演出の一つの要素でもあるのです。
トッププレゼンの印象を決定付ける要素のなかで、見た目は五割程度を占める
と言っても過言ではありません。

「そんなに見た目が大事か?」と思われるかもしれませんが、大事なのです。
見た目とは言っても、これには服装のほかにプレゼン中の姿勢やアイコンタクト、

笑顔、身体的な癖、見た目から伝わる真剣さといった視覚的な要素全般を含みます。

純粋に服装だけ気をつければいいわけではありません。

あなたはプレゼンをするとき、どのような服装で、どのような話し方で、どのような振る舞いをしているでしょうか。

良いプレゼンを目指すなら、これらを客観的に把握しておく必要があります。

そのために、いい方法がありますので、次のページからご紹介します。

自分を客観視してダメ出しする練習法

プレゼンを上達させるためにも、自分の見た目を確認するためにも、とても有効な方法があるのでご紹介します。それは、動画撮影です。今はスマホでも驚くほど画質が良く、普通にＨＤ画質で撮影できます。スマホでいいので、三脚をつけるか、どこか適当な台の上に置くかして、プレゼンの練習風景を最初から最後まで全身が入るように撮影してみましょう。とても手軽で簡単な方法ですが、自分を客観視することができます。しかも、この方法なら一人でできます。

ただしマイクはご用意ください。全体を引きで撮影する必要があるので、スマホでは音声までは拾えないからです。

ネットショッピングで数千円のもので十分です。

撮影したら、今度は最初から最後まで再生して、自分で確認していきます。

そうすると、意外なほど自分が気づいていなかったところに気がつくものです。

話し方の癖、ちょっとした動作の癖……。

自分自身にダメ出しをすることになるので、最初はつらい作業かもしれません。

ただ、**このプロセスを何度も繰り返すことで、徐々にではありますが、自分が思ったイメージに近いプレゼンができるようになっていきます。**

昔の映像を見れば、自分の進歩がわかるので、「こんなに成長したんだ」と励みになることもあるでしょう。

この練習方法は、見た目の修正に使えるだけでなく、プレゼンの原稿やスライドの改善にも役立ちます。

プレゼンでスライドを使用する場合は、
文字サイズを最低でも40ポイント以上にすることをおすすめしています。
少しでもよく見えない文字が交ざっていると、
聞き手は一気に集中力が低下すると言われています。
そのほかにも原稿が無駄に長いとか、この部分は言っていることが明確でない
といったことも見えてきます。

私自身もよく撮影していました。
私は、ビックリするほど怖い顔でプレゼンしていました。
真剣さが伝わるといえば聞こえは良いですが、少しユーモアのあることを話しても
目は笑っていない。最悪です。しかも、わずかにフラフラしているのです。
歩き回るでもなく、ただその場で微妙に動いているのです。
まったく意識していなかったのですが、それが大変良くない。
一言でいえば、貧乏くさい。
大きなイベントを任せてもらうためにプレゼンしているプロデューサーには、

到底見えませんでした。

自身で気づいたら、改善は簡単でした。

経験を重ねて改善していったというよりも、わずか一日で改善できました。

皆さん、私を信じてください。

ぜひ一度撮影して、一人で映像を見てみてください。

トップの皆さんだからこそわかる改善点が、必ず見つかると思います。

「良いプレゼンは、自分の美学がにじみ出るもの」

あなたには、自分の美学がありますか？
私にとっては、「プレゼンはプレゼントだ」というのが美学です。
「最高のイベントプロデュースは社会を元気にする」という美学もあります。
美学とは背骨みたいなもので、自分を支える揺るがない土台のようなものです。
美学は人によって、お客様や聴衆を愛する気持ちであったり、
自社の商品やサービスを愛する気持ちであったりするわけですが、

そのような**美学はトッププレゼンににじみ出てくるもの**です。
増田氏が言った
「世の中に文化（カルチュア）をどんどん紹介していくことが、皆さんの仕事」
という言葉や、ジョブズ氏がスタンフォード大学の卒業式で
プレゼンの最後に言った「Stay hungry, stay foolish」といった言葉が、彼らの美学を
表しています。
美学は同時に信念でもあります。自分の言葉や行動に美学がない人の言葉は
やはりどこか上辺だけに感じられて、まったく心に響きません。

では、信念がない人は、どうしたら良いプレゼンができるのでしょうか。
それは、自分がそのプレゼンに対して信念が持てるまで考えるしかありません。
そもそも、信念がなかったら、伝えたいこともないのではないかと思うのですが、
実際は仕事としてプレゼンの時間が設けられているので仕方なく話したり、
仕方なく原稿を準備したりすることもあると推察します。

どんなプレゼンでも、自分の美学を貫いてプレゼンをしてほしいと思います。
そうすると、美学や信念はますます確固たるものとなって、
トップとしてのあなたを支えることでしょう。
それが、あらゆるステークホルダーの幸せにつながると私は信じています。

第3章

トップ
プレゼンテーション
の効果を高める
「場」

トッププレゼンを効果的に聞かせる「場」とは？

トッププレゼンには経営に有益なさまざまな効果があること、プレゼンがトップの重要な仕事であることは、すでにお伝えしたとおりです。トップは自分の言葉で語らなければいけません。

朝礼などで社員に対して話す時間も、立派なトッププレゼンには違いありませんが、ときには特別な場で話し、社内外のステークホルダーに深く印象づけることも必要でしょう。

トッププレゼン効果を最大化するには、
トッププレゼンにふさわしい「場」をつくる必要があります。
その役割を果たすのがイベントです。
「イベント」と聞くと、お祭りやフェス、
コンサートなどの行事や催し物をイメージするかもしれません。
ここで言う「イベント」は、国際会議や新製品発表会、株主総会、全社会議……
といった類のものです。

大半のイベントには、特定の目的（＝ゴール）が存在します。
特にビジネスを目的とした企業主催のイベントは、
「ある目的を達成する手段」として企画・開催されます。
例えば、会社のブランド力を向上させる、社員のエンゲージメントを高めて
来期の業績向上につなげる、といった目的です。
そのための強力なコンテンツの一つとして、
トッププレゼンの時間が設けられていることが大半でしょう。

イベントはトッププレゼンがあることでより効果を高め、トッププレゼンもまたイベント中に実施されることで、その効果を高めます。

イベントでトッププレゼンをすると、どうして効果が上がるのか？

それにはちゃんと理由があります。

お祭りやフェスに参加したことがある人には共感していただけると思うのですが、イベントには特有の空気感があり、それが参加者の気持ちを高揚させます。

その上、私たちのようなイベントプロデューサーは、参加者の気持ちがトッププレゼンを自然と受け入れるモードになるように、世界観を演出したり、オープニングなどのコンテンツを工夫して設計したりします。
トッププレゼンがイベントの冒頭にあるのか、真ん中くらいなのか、最後にあるのかは個々のイベントによっても違いますが、
トップが話し始めるときには、参加者はメッセージを受け取る準備が整っています。
そのため、トップの言葉がいっそう心に響くのです。

トップ自身の姿や生の声は、やはり力があるものです。

プロデュースする側はさまざまな演出をするものの、どんな演出よりも、壇上に立ったトップのオーラが最も威力があると感じることは少なくありません。

会社としてなぜこれをやるのかをトップ自身が情熱を持って語ることが大事だと、第2章でもお話ししました。

極端な話、数値目標や売上といった情報はトップが伝えなくてもよいものです。役員や部門長が伝えてもいいでしょう。


しかし、社内向けか社外向けかを問わず、イベントやトッププレゼンを通じて会社のブランディングをしようと思うなら、トップ自らが自分の声と言葉で話して伝えなければいけません。

トップが会社の代表として発信し続けることで、全従業員の帰属意識とロイヤルティを高め、ステークホルダーとのつながりや絆を強固なものにできるからです。

トッププレゼンには情報を伝達する以上のことが求められますし、
逆に言えば、それだけ意義があるのです。
トッププレゼンの効果を最大限に引き出すには、
トップの「情熱」や聞き手の「感動」を伝播させていく必要があります。
情熱は、立ち姿や話し方といった、話の内容以外の要素からも伝わります。
詳しくは後述しますが、感動もまた、
それを共有する誰かがいることで、何倍にも増幅していくものです。

ですから、社内報などでトップのメッセージを発信することも、
広義にはトッププレゼンなのですが、やはり文字情報よりも
イベントにトップが登壇して話すほうが効果的であるというのが、私の考えです。

言い換えれば、トッププレゼンにも「体験」が必要なのです。
例えば、旅番組や旅行のガイドブックを見たからといって
「もう旅行しなくていい」とはならないし、

映画の原作を読んでストーリーと結末を知っているからといって「映画を観に行かなくていい」とはなりませんよね？

トッププレゼンもそれと同じなのです。

旅行や映画と同じように、参加者にとってトッププレゼンを体験することでしか得られないものがあります。

そのトッププレゼンを体験させるのが、イベントという「場」なのです。

「日本初のイベントプロデューサーは千利休？」

日本で最初の「イベントプロデューサー」は、
茶聖こと千利休（1522〜1591年）だと言われています。
織田信長と豊臣秀吉という2人の天下人に仕えた千利休は大坂の堺で生まれ、
茶道千家の始祖にして「わび茶」を大成させたことで知られています。
その利休が、「イベントプロデューサー」だというのは、どういうことでしょうか。

利休は、茶会を数多く開いていました。

それには何百人もの客を招く大茶会も含まれていました。

利休は膨大な参加者のリストをつくるだけでなく、その茶会の空間全体を演出し、茶会全体のプログラム構成から参加者の誰をどこに座らせるかといった細かいことまで、茶会というイベント全体をプロデュースしていたようです。

ほかにも、茶会で何か新しいことを発表したり、秀吉が持っている茶器や茶道具の展示スペースを設けたりもしていました。


「利休の茶会に参加したい」という人たちが、日本中からやって来ていました。

利休は、今で言うイベントのブランディングやプロモーションが非常に上手だったと言えるでしょう。


例えば、利休が気に入った茶器は多くはつくられず、それを現代の価値に直すと5000万円といった決して安くない価格で売ったりしていました。

つまり、**「利休が良いと言った物に価値がある」というブランディングをしていた**わけです。

そして、それが世間からも認められていたのですから、利休はある意味で最高のブランディングができていたと言っても過言ではないでしょう。

人間が集まると感情の場をつくる

「80：20の法則」（パレートの法則）と呼ばれる法則があります。

「2割の従業員が、会社の利益の8割を生んでいる」といった使い方をされます。

これと似たような法則として「2：6：2の法則」というものがあります。

この法則を仕事に当てはめるなら、2割が働き者で、6割が普通に働いていて、残りの2割が怠け者という意味です。私は社会人としては20年、経営者としてはたかだか9年ほどの経験しかありませんが、これは真実だと思っています。

私はイベントを考えるときも、この「2：6：2の法則」を念頭に置いています。
上位の2割は放っておいても会社に貢献する人たちなので、
イベントを設計するときにも、さほど意識しなくても大丈夫です。
かわりに、中間の6割をなるべく上位2割に近づけることや、
下位の2割を中間の6割に近づけることを意識して、設計しているのです。
それができるのは、イベントだからです。
明示するかどうかは別として、下位2割については考慮しないこともあります。
トッププレゼンが全員に刺さるものでなくてもいいように、イベントもまた、
誰も彼も皆ターゲットにすると、企画がぼやけることがあるからです。

前に「感動もまた、それを共有する誰かがいることで、何倍にも増幅していく」と
言いましたが、これを私はよく、
「**人が集まることで感情の場が生まれる**」と表現しています。
イベントもまさしく、人が集まる「感情の場」です。

スポーツ観戦を考えてもらうとわかりやすいのですが、
「応援しよう」というポジティブな空気やエネルギーは周囲に強力に伝染します。
応援しているチームが勢いに乗っているときは、
客席全体からもすさまじいプラスのエネルギーが感じられます。
もしチームが負けていたとしても、「諦めない」という気持ちが広がって、
ポジティブな空気が広がっていることもあります。
しかし、「感情の場」とは、ポジティブなものばかりではありません。
ネガティブな「感情の場」も生まれることがあります。
チームが負けそうになって諦めムードが漂い始めると、そのマイナスの感情が
一気に広がって、実際に負けてしまうといったことです。

この感情の場があるからこそ、トッププレゼンの効果は何倍にもなります。
例えば、トップの言葉を聴いた社員が会社に誇りを持ち、
自分の使命に燃え、明日からの行動を変えようとしているとき、
そのポジティブな空気は周りに伝播して、会社全体に良い影響をもたらします。

「人は明るい場所に集まる」

そして、これは私が常々思っていることですが「人は明るい場所」に集まります。
ポジティブな空気やエネルギーがある場所に行きたがるものです。
ですから、感情の場は人をも惹きつけます。

トッププレゼンというのは、スポーツと違って勝ち負けがありません。
誰かと戦うものではないので、効果が少ないことはあっても、
負け試合になる（=効果がマイナスになる）ことは決してないのです。
勝ち試合のなかで、どれだけ良い勝ち方ができるか。
つまり、どれだけポジティブなエネルギーを生み出せるかが、

トップの腕の見せどころです。

もしも、ネガティブな感情の場が生まれそうだったり、
すでに生まれていたりするなら、
トップとしてはそれをすぐに消さないといけません。
ビジネスで負け続けている人は、周りをも負けさせます。
何か一つネガティブなことが起こると、連鎖反応のようにその周りにも
ネガティブなことが起こることがあるのです。

ポジティブな感情の場を築いたり壊したりするのは、トッププレゼン次第です。
そのことを理解し、トッププレゼンを有効に活用していただけたらと思います。

「年間150本のイベントを通して見えた最高のイベント」

最高のイベントとは、どのようなものでしょうか。

私はこれまでに年間150本、この10年ほどの間に約1500本のイベントをプロデュースしてきましたが、そのなかで最高だと思ったイベントが二つあります。

一つは、これまで何度も出てきていますが、増田氏がトッププレゼンをしたカルチュア・コンビニエンス・クラブのイベント、もう一つはドイツに本拠地を置く会社の日本法人のイベントです。

どちらもトッププレゼンが素晴らしかったのですが、

「最高のイベント」と言ったのは、彼らのトッププレゼンによって間違いなく、明日からの社員の行動が変わるだろうと思ったからです。

イベントは、あくまでもビジネス上の目的を達成するための手段の一つです。

目的達成のためには参加者の行動を変える必要があり、

それを成し遂げる力を持つのがイベントでありトッププレゼンです。

イベントの主役は参加者です。

その参加者の行動が翌日から変わるようなイベントが、最高のイベントです。

「イベントは盛り上がったけれど、新製品は2万台しか売れませんでした」

という結果と、「イベントはイマイチだったけれど、10万台売れました」

という結果では、明らかに後者のほうが成功していると言えます。

カルチュア・コンビニエンス・クラブの例でも、増田氏の一言によって、

社員は１８０度認識が変わったはずです。レンタルビデオ屋だと思っていたのを、

文化（カルチュア）を紹介する仕事だと再定義してみせました。

この衝撃を社員が忘れることはないでしょう。

翌日から、たとえ同じ仕事をしていても、社員の視点は変わるでしょう。


もう一つのドイツの会社の日本法人でのイベントでは、当時発売されたばかりで入手困難だったiPod nanoが数百人いる参加者全員に配られました。

しかも、メタリックなボディの裏面に、一人ひとりの名前が刻印されていました。

そして、CEOが次のように言ったのです。

「今君たちが手にしているこれが、現在、世界最高のイノベーションだ。我々もこれに負けない仕事をしなければいけない。イノベーションを起こそう」

胸を打たれました。当事者でない私ですらそうだったのですから、その場でiPod nanoを手にして聴いていた社員の方々は、どれほど感動したことでしょう。

案の定、会場全体が「わぁー」と歓声で沸き、

「イノベーションを起こさなければ」という空気がひしひしと伝わってきました。

ちなみに参加者は開発者でも技術者でもなく、営業職の皆さんでした。

一方で、イベントは問題なく進んでいても、
トッププレゼンがイマイチだった事例もあります。
合計で2日間開催されたある会社のイベントで、
イベント全体は大変良い感じで進み、無事に終了しました。
しかし、終了後に取ったアンケートで良かったコンテンツを聞いたところ、
社長のプレゼンが6位という結果が出てしまったのです。
この結果には、イベントをプロデュースした私たちとしても肝を冷やしました。
つまり、トッププレゼンがあまり参加者の心に残らなかったのです。
トッププレゼンはイベントの肝なので、
そうなるとイベント自体の成功も怪しくなってしまいます。
イベントをプロデュースする側としても魅力的なコンテンツを揃えるので、
結果としてトッププレゼンの印象が薄くなってしまうことはあるかもしれません。

トッププレゼンを強く印象付けたい場合は、
イベントの最後に実施するのがおすすめです。
トッププレゼンは冒頭でするものというイメージが強いかもしれませんが、
実は最後に話したほうが聴衆の記憶に残ります。
そして何より行動に繋がりやすいのです。
ちなみに、先ほどのカルチュア・コンビニエンス・クラブの例も、
ドイツの会社の日本法人の例も、トッププレゼンはイベントの最後に
おこなわれました。

イベントプロデュースはゴール設定から始める

イベントには実に多くの人々が関わります。

例えば、数百人を収容できる会場を貸し切って、全社員が参加するキックオフイベントを開催するとしましょう。社内のイベント担当者や責任者、当日ステージに上がってプレゼンをする社長や部門長などの登壇者はもちろん、イベントに関わることになります。社外では、イベント全体のサポートをする私たちのようなイベントプロデューサーや制作チームのメンバー、当日に参加者の受付や誘導をするスタッフ、著名人による講演やステージパフォーマンスがある場合はその対応をするスタッフ、電話応対や事務作業をする庶務、ステージ進行を円滑に進めるために舞台の上手と下手でスタンバイしているスタッフ、音響、照明、映像、特殊効果といった多くのスタッフがいます。
参加者を除いても、情報を共有しなければならない関係者は数十人にもなり、イベントの規模が大きくなればなるほど、当然その数は増えていきます。

これほど多くの人々が関わるイベントを設計する場合、まずはゴール設定が何よりも重要です。ゴールが明確に設定されていないと、イベントに関するすべてのプログラム設計がぼやけたものになってしまい、「そもそも、このイベントって何のために開催するんだっけ?」という事態にもなりかねません。

目的が明確に定まっていないイベントは、効果がブレます。だからこそ、イベントを設計するときは、最初にイベントのゴール設定から始めましょう。

ゴールを設定するとき、私はよく「大砲は遠くに飛ばせ」と言います。

「１００点を取るには、１００点ではなく１５０点を目指さなければいけない」ということです。

最初から達成したいゴールを狙っていては、実はゴールにはたどり着けないのです。たどり着きたいゴールよりもはるか先を目指さないといけません。

それはイベントもトッププレゼンも同じです。


私がイベントを企画するときに、大事にしていることがあります。

「そのイベントを一言で言うと何なのか？」ということです。

一言で言い表せないイベントは、まだまだ考えが甘く、ゴールにはほど遠いと言えるでしょう。


例えば、社員のモチベーションを上げるためのイベントなのか？

新製品のプロモーションをするイベントなのか？

新しい経営方針を示すイベントなのか？

一言で言い表せないイベントは、ゴールがはっきりしていないので狙いが定まらず、フワッとしてしまいます。つまり解像度が低いのです。

「社員のモチベーションも上げたいし、新しい経営方針も示したいし……」

と目的が複数ある場合は、絞り込む必要があります。

あれもこれもと欲張ると、イベント全体がぼやけたものになります。

イベント企画は5W2Hで説明する

ここで少しイベント設計の全体の流れをご紹介します。
トッププレゼンをする場であるイベントは、どのようにつくられるのでしょうか。
イベントのプロセスは、次の三段階で考えることができます。

第一段階：企画・計画
第二段階：制作・準備
第三段階：実施・当日運営

この全体のプロセスでいう第一段階の「企画・計画」において、イベントプロデューサーが最初におこなう作業がゴール設定です。もちろんゴールは、会社の課題などを十分にヒアリングした上で決定されます。このゴールが疎かだとその後のすべての作業に影響が出るので、最も重要です。次にゴールを踏まえて企画を詰めていきます。企画は5W2Hで考えます。

5W2Hはご存じの方も多いでしょうが、

What・Why・When・Where・Who・How・How much

の頭文字を取ったもので、イベントに当てはめると次のようになります。

What：何を、やるか？（実施内容・タイトル・主催者・プログラム）

Why：なぜ、やるか？（実施目的・開催の経緯）

When：いつ、やるか？（◯年◯月◯日◯曜日◯◯時）

Where：どこで、やるか？（会場名称・各種仕様・レイアウト）

Who：誰が対象？（参加対象・人数・カテゴリー・年代・集散等）

How：どうやるか？（準備スケジュール・推進体制等）

How much：予算は？（予算・協賛・チケット代等）

Whatは例えば、表彰式をやるのか、新製品発表会をやるのかということです。
Whyは、なぜそれをやるのか。Whyはゴールにも通じますが、
イシューを押さえる（取り組むべき問題を明確にする）ということです。
良いプレゼンテーションや良いイベントは、これがしっかりできています。
ほかにも、When・Where・Who・How・How muchがありますが、
Whyがブレるとその後のすべてがブレていきます。

イベント企画を説明するときは、この５Ｗ２Ｈで話すとわかりやすいでしょう。
昔話の「桃太郎」に当てはめて考えてみましょう。
桃太郎のお話は「昔々」で始まりますが、これがWhenです。
「あるところに」がWhere、「おじいさんとおばあさん」はWhoです。
そして、「川から流れてきた桃を拾った」は、何をやったかのWhatに当たります。
昔話は話が伝わりやすいように考え抜かれたフォーマットですから、

昔話を語るように5W2Hを使って話すことで、
イベントの概要が誰にとってもよくわかるものになるのです。

ゴール設定からイベントを企画していく流れをわかりやすくするために、
一例をご紹介しましょう。
アメリカにある世界的な製薬会社の日本法人の社内イベントを手掛けたときです。
このイベントには日本全国から3000人以上の社員が参加しました。
このイベントのゴールは、「つながりを深める」ことでした。
そして、そのゴールを実現するために、全体として相乗効果が出るように
イベントを設計していきました。イベントのコンセプトは、
「皆が思いを共有し未来へ進むためのイベント」という位置づけにしました。
具体的には、事前プロモーションとして全社員でメッセージリレーをしたり、
イベント当日は全社員のその年のビジョンをふせんにして
壁一面に張り出したり、SNSで指定のハッシュタグをつけて投稿し、
リアルタイムで関わる人たちとつながったり、社長がゲストを招いて対談したりと、

いろいろなプログラムを設計しました。

結果は大成功。イベント後の参加者アンケートでも、「つながりが深まった」という回答が大半でしたし、イベント会場でもそのような雰囲気を感じました。

トッププレゼンも素晴らしいものでした。


企業文化や会社の特性、抱えている課題によっても、その会社に最適なイベント企画は変わってきます。それを見つけ出し、カタチにするのが、私たちイベントプロデューサーの仕事なのです。

「世界観を表現する」

イベントで私たちがどのように世界観を表現するのか、少し説明させてください。
世界観を表現するために、私たちはさまざまな演出をします。
例えば、キービジュアル（伝えたいことがひと目で伝わるように、
ロゴやシンボルマーク、キャッチコピー、イメージ画像などで構成されたもの）、
ステージ演出、会場までのアプローチにある飾りや仕掛け、会場の天井から
何かが降ってくるといった演出、照明や音響など、多彩な演出の仕方があります。
すべての演出がうまくハマると、
参加者は私たちが意図した世界観を感じることができます。

私たちが世界観を表現するときに、一つ気を付けていることがあります。

それは、イベントの参加者に対して、「寄り添いすぎない」ということです。

イベントの主役は参加者ですから、一見すると参加者に寄り添ったほうが、イベントは成功するのではないかと思うでしょう。

でも実はその逆で、寄り添いすぎると参加者の心に響きにくくなってしまうのです。

これは「綿密に市場調査してユーザーの欲しい機能をすべて備えた製品を開発して販売したけれど、実際はあまり売れなかった」というのと同じです。

参加者に意見を募り、皆が「やりたい」ということを実現しても、イベントが成功するとは限りません。イベントプロデューサーとしては、世界観に関してはある程度、トップのエゴを出していくことも重要だと思います。
例えば、ヘンリー・フォードが世界で初めて自動車の大量生産に成功する前、人々の主な交通手段は馬車でした。もし、人々に何が欲しいか聞いていたら、「もっと速い馬が欲しい」と言われて、
自動車の大量生産は叶わなかったかもしれません。

だから、顧客に欲しいものを聞くことは一見すると近道のようで、実はそうではないのです。イベントプロデュースもそれと同じで、参加者に聞きながらつくるというのは、良い方法ではありません。参加者の声を取り入れようとしすぎると、世界観が不明瞭になってしまい、イベントやそこでおこなわれるプレゼンがあまり響かないものになってしまう可能性があります。

また、これはトッププレゼンにも言えることですが、**人は必ず心のどこかに「誰かの自信に寄りかかりたい」という気持ちがあります。**

誰かに「これが絶対に良い！」「こうすべきだ！」と言ってほしいのです。あなたも心当たりはないでしょうか。ですから、イベントプロデューサーは、「このイベントを、自分はどうつくりたいか」という自分の考えを明確に持っていなければなりません。

「コンセプトが演出を決める」

すでにお話ししたとおり、イベントの「ゴール」はイベントを通じて達成すべき目的のことを指しますが、私たちはゴールのほかにイベントの「コンセプト」も設定します。「コンセプト」とは、企画全体を貫く考え方や概念のことを指します。コンセプトは、スローガンあるいはモチーフと言われることもあります。

別の言い方をすれば、**表現したい世界観を一言で伝えるのがコンセプト**です。イベントの世界観がハートフルなのかワンチーム（一体感）なのか、あるいはイノベーションなのか。どのような世界観をつくりたいかで、イベントの演出はまったく違ったものになります。

当然、参加者に与える印象も違います。

イベントは関係者の多いプロジェクトなので、どのような世界観を表現したいのか、関係者にわかりやすく正確に伝える必要があります。

そこで重要になるのがコンセプトです。

例を挙げましょう。

「それぞれの個性が団結することで、組織が強くなることを伝える」

というゴールが設定されたイベントがあるとします。

するとイベントプロデューサーは、

そのゴールのイメージに合った言葉を徹底的に探します。

例えば、「カラフル」という言葉です。それぞれの色が個性を表現し、

全体で良いもの（=カラフル）になるというイメージが一言で伝わります。

「カラフル」というコンセプトが決まると、演出はとにかくカラフルにしよう、

ステージもカラフルに、招待状もカラフルに……

と具体的な演出が決まっていきます。

コンセプトには２種類あります。参加者には共有されず、企画運営に関わるスタッフ間など裏側でのみ使われるコンセプトと、参加者にも共有されるコンセプトです。

例えば、ＡＫＢ48の「会いに行けるアイドル」というコンセプトは有名ですが、このコンセプトは当初、裏側にあって表には出ていなかったものです。

最近の傾向としては、イベントのタイトル兼コンセプトとして一言で伝えるものが多くなっています。ＡＫＢ48の「会いに行けるアイドル」も、それまで憧れの遠い存在だったアイドルを一気に身近なものに感じさせた秀逸なコンセプトでした。

アップルの「iPhone」も素晴らしいものでした。iPhoneはコンセプトでもあり商品名でもあります。iPhoneの登場によってアップルは「電話を再発明」したわけですが、そもそもiPhoneは機能や性能の面でいえば、どう考えても「小さいパソコン」でした。

小さいパソコンに電話の機能が付いているというのが正しい理解だと思いますが、アップルはこの小さいパソコンを、世界中の人たちが持っている携帯電話に成り代わらせようとしたのです。「iPhone」というコンセプトのなかに、商品の魅力もマーケティング戦略も凝縮されています。

コンセプトは大切ですが、コンセプトに当たる言葉に振り回されたり、こだわり過ぎたりすることが逆に良くない場合もあります。

私は社内でイベントのプランニングを教えることがありますが、20代の若い社員がコンセプトにこだわるあまり全体像を見失ってしまい、前に進めなくなることがありました。

イベント設計でもトッププレゼンでも、コンセプトそのものよりも、やはりゴールが大切だということは強調しておきたいと思います。

映像を効果的に使う

近年のプレゼンテーションでは、映像を使うのが当たり前になりつつあります。
例えば、イベント開始を盛り上げる格好いいオープニング映像や参加者の注意を促すときに用いられるアテンションという種類の映像、イベント中に撮影した映像を編集してエンディングでダイジェストとして流したりイベントに参加していない関係者のコメントをＶＴＲとして流したりと、映像を活用する事例は枚挙にいとまがありません。

映像はインパクトを演出しやすいと思われていますが、イベントにおける映像の位置付けはあくまでゴールを達成するための補完的な手段に過ぎません。
伝えるべき内容があり、それを伝える手助けをするのが映像の役割です。
つまり、格好いい映像を流すこと以上に、それを通じて何を伝えたいのかのほうがずっと重要なのです。身も蓋もない言い方かもしれませんが、
現代の人はいろいろな映像に慣れてしまっていて、どのような映像を見せようが、意外とそれほど大きなインパクトを与えることはできないのが実情です。

予算の問題もあります。
映画は何十億円もの予算をかけて特殊映像をたくさん使用しながら制作されますが、例えば私たちがオープニングで使用する映像の制作予算は200万円くらいです。
予算規模からしても、使える技術はまったく次元が違うので、
映画のような映像作品に慣れている人たちに映像でインパクトを与えることがいかに難しいか、おわかりになるでしょう。

そういう事情もあって、映像そのものよりも、

何をどのように伝えるかという脚本のほうがより重要です。

イベントで使われる映像は、イベントのストーリーを効果的に展開するための端緒を開く役割を果たします。

一番わかりやすい例が、オープニング映像です。オープニング映像は、イベントの開始時に参加者の気持ちをストーリーに乗せるために使用されますが、言わば「空気をつくる」効果があります。

映像だけで参加者にインパクトを残すのは難しいものの、効果的に使う方法はあります。

一体感を醸成するために参加者の表情をとらえた映像や、参加者の集中力を高めて自分事化してもらうために事前に撮ってもらったメッセージリレーの映像などはその好例です。

「トークセッションを白熱させるには？」

トークセッションというと、テレビ番組で著名人や文化人が意見を交わしている様子を想像する人もいるかもしれませんが、テレビ番組はかなり編集されています。

しかも、画面にテロップが入ることで視覚的にも理解しやすくなっています。

イベントは常にライブですから、イベントでトークセッションをやろうとすると、実は結構難しいのです。もちろんうまくいけば、トークセッションはイベントのゴールや目的をいろいろな角度から伝えることで気づきを促す効果的なコンテンツになります。

けれども、イベントでうまくやるのは非常に難しいというのが正直なところです。

ありがちなのが、単なる分散型のプレゼンの集合になってしまうことです。

30分のトークセッションで五人が話す場合、一人6分間のプレゼンを五人分聞いている感じになってしまう、ということです。

「では、Aさん、どう思いますか?」と司会に振られたAさんが5分話し、次にBさんが同じように話して、Cさん、Dさん、Eさんと続いてしまう。

そうすると、これは会話になっていないのでトークセッションではありませんし、中身としてもあまり面白くありません。

このようなトークセッションの問題は、

スピーカー一人ひとりの話す時間が長すぎること、

スピーカー同士の絡みがないこと、
スピーカーの人数に対して時間が短すぎることで起こりやすくなります。

スピーカーの皆さんは自分にスポットライトが当たるので、
「何かいいことを言わなければ」「余すことなく伝えなければ」と思ってしまい、
話が長くなってしまうことがあります。

本来トークセッションは、いいことを言うことが目的ではなくて、
聴衆はスピーカーの胸の内、飾らない率直な意見を聞きたいのです。
だから、スピーカーは胸を開いて、ただ本音を短く伝えればいいのです。

トークセッションの理想を例えると、
サッカーの試合で短いパスがリズムよくいくつもつながって
最終的にゴールする、というのがあるべき姿です。
あくまでも参加者に気づきを促すのが目的なので、短く本音を語ればいいのです。

とはいえ、イベント当日にいきなり話すのは難しいので、
トークセッションの目的やトークセッションでその人に担ってほしい役割
（例えば、聴衆の代表として話してほしいのか、〇〇部門のトップとして
話してほしいのか、など）は事前にスピーカーと共有しておき、
話す内容の大枠を事前に考えてもらうことになるでしょう。
スピーカーは、主催者側の意図を汲んで、
そのなかで自分が聴衆に伝えたいメッセージを絞り込んでおきます。

また、**トークセッションが「白熱している」感じは、**
スピーカー同士の絡みがなければ生まれません。
それぞれが話して、「はい終わり！」では、それこそただのプレゼンの集合です。
スピーカー同士が普段から気さくに話せる間柄ならば、
ほかの人の話にコメントしたり、その話に続けて自分の意見を言ったりするのは、
さほど難しくないかもしれません。
けれども、あまり面識がない場合や、

普段から突っ込んだ話をしていない間柄の場合は、事前に打ち合わせをしたり、突っ込むところを決めておいたりすることも、一つの方法です。

自分たちでトークセッションを企画した場合には、時間とスピーカーの人数に注意すべきです。通常の一人のプレゼンであれば、40分話せば内容は十分かもしれませんが、40分のトークセッションでスピーカーが三人いると、全体としては少し物足りない感じがします。それぞれの意見を言って、それに別の人が絡んだりすると、案外時間を取られるものです。時間が短すぎると、一つのテーマに対して各人が自分の意見を言って終わりになってしまうので、適切な時間と人数を設定しておく必要があります。

「参加者を巻き込む仕掛け」

イベントは、主役である参加者を巻き込まなければ絶対に成功しません。
参加者がイベントをどこか他人事のように感じていたら、
本来イベントを通して参加者に届けるべきメッセージが届かず、
ゴールを達成することも難しくなるでしょう。

イベント全体のストーリーに乗せて、参加者をゴールまで連れていく。
そのために、参加者を巻き込み、イベントを自分事化してもらうための仕掛けを、
私たちは日々考えています。

どのような仕掛けがあるかは後々お話しするとして、

自分事化してもらうことがいかに重要か、もう少し詳しく説明させてください。

イベントの自分事化が成功していると、次のようなメリットがあります。

・プレゼンの内容などが腹落ちしやすくなる
・参加者のイベントに対する集中力が向上する
・イベント後の行動の変化につながりやすくなる

参加者からすれば、**自分に関係があることのほうがメッセージを受け取りやすく、腹落ちしやすくなります。**それに、イベントの最中の集中力も顕著に違います。

例えば、トップがただ会社の来期の目標を話しているときより、自分が事前にした質問に対して「〇〇さんからこんな質問があったけれど」と切り出したときのほうが、格段に集中して聞いているのではないでしょうか。

また、ビジネスに関するイベントはその場で終わりではなく、イベント後に参加者の行動が変わることを目的としています。

イベント後の行動の変化につながりやすいのもまた、自分事化できた人たちでしょう。

イベントの成功に自分事化が欠かせないことが、わかっていただけたかと思います。

自分事化できるようにイベントを設計することの重要性は、実はここ10年で高まってきているように感じています。ひと昔前は、「日本を豊かにしたい」「会社を良くしたい」「社会の役に立ちたい」と、国や会社、社会の利益を自分事のように成し遂げようとする人が少なくありませんでした。

パナソニックの創業者である松下幸之助は、「企業は社会の公器」と言って社会やお客様に奉仕することを説いていましたし、そのような考え方が一般の人々にも広く受け入れられていたのかもしれません。

しかし近年では、もっと直接的に「自分にとってどうか？」を考える人が増えたように思うのです。自分に関係のあることには一生懸命取り組むけれど、自分に関係のないことにはたいして関心がない、という人たちです。

結局、皆自分が好きなのです。

もちろん、自分自身を好きであることは良いことだと思いますが、皆が自分のことばかり考えていては、社会や会社は成り立ちません。

ですから、そのような時代なのであれば、それに寄り添いつつ、**社会や会社のことが決して他人事ではなく、自分に関係のあることなのだと強く認識してもらうことが、まず大事**になってきます。

そのためにイベントでは、イベント開催前から参加者をどんどん巻き込んで、参加者が自分事化できるような仕掛けを取り入れていく必要があるのです。

では実際に、参加者を巻き込む仕掛けには、どのようなものがあるでしょうか。

ここでは、イベント開催前と開催当日に分けて、例を挙げてみます。

・**開催前**：イベントの特設ウェブサイトをつくり、ＳＮＳで情報発信する／当日会場で流すＶＴＲの撮影に参加してもらう／

会場に展示するメッセージカードを書いてもらう

・**開催当日**：スマホアプリを使ってリアルタイムでアンケートを取る／ＳＮＳのハッシュタグを活用して意見を収集する

このように、テクノロジーもうまく利用して巻き込む仕掛けをつくっていきます。参加者を巻き込むと、イベントは自ずと双方向性のあるものになります。それによって、経営陣と参加者、もしくは参加者同士のつながりや絆が強まり、イベントの面白さも増します。参加者にとって心に残るイベントになり、イベントのゴールも達成しやすくなるのです。

「会場全体の一体感を演出する」

イベントやトッププレゼンを通じて社員の会社への帰属意識を高めることで、インターナルブランディングを強化することができます。

帰属意識を高めるためには、「一体感」を醸成することが大切です。

一体感はどのように演出するのでしょうか。

ここでは、演出によって一体感を生み出した過去の事例を二つご紹介します。

もちろん、その二つしか方法がないわけではありませんし、新しい演出方法も日々生まれています。

一つ目は、映像を使った演出です。

会場の大型スクリーンにイベント参加者全員の顔をライブで映すというものです。

誰かがステージでプレゼンテーションをしているときは、それに加えて、発表者の顔をアップで会場の巨大スクリーンに映し、集中している聴衆（参加者）の表情もリアルタイムで映すのです。

この演出はコンサートなどでも使われます。演奏しているアーティストだけでなく、カメラで客席を端から端まで映して、巨大スクリーンで流すことがありますよね。

それと同じです。

スポーツの試合などでも同じような光景を目にすることがあるでしょう。

こういった会場の大型スクリーンを使った演出は、会場全体の一体感を醸成するのに非常に効果的です。

参加者からすれば、自分が大型スクリーンに映ると特別な感じがして、自分もこの場の一員であることを視覚的に確認することになります。

もう一つの例として、あるＩＴ企業のイベントをプロデュースしたときは、

1200人の参加者全員で円陣を組みました。
もっとも、綺麗な丸にはならず、楕円形の円陣になりましたが、そんな大人数で円陣を組むことは普段はないので特別感があり、一体感を高めるのに有効でした。

良いイベントは、参加者にその組織の一員であることを強く認識させ、組織全体の一体感を高めてくれます。

そのために、私たちイベントプロデュースのプロは、イベント前や当日にどんどん参加者を巻き込んで、メッセージを書いてもらったり、インタビューや映像を撮ったりして、材料集めをするのです。

「行動につなげるクロージング」

「終わりよければすべてよし」ということわざがあります。
イベントのクロージング（終わり方）は、二つの理由からとても大切です。
人間は、新しい記憶ほどよく覚えているものです。
そのため、参加者の記憶に最も残りやすいのが、
理論的には最後のコンテンツであるクロージングです。

したがって、クロージングがどのようなものであったかによって、
イベント全体の印象や評価を左右しやすいというのが、一つ目の理由です。
クロージングの事例ではありませんが、ＴＳＵＴＡＹＡの増田氏や

ドイツの会社のCEOによる素晴らしいプレゼンは、最後にあったからこそ、
その素晴らしさを強く参加者の心に残したともいえます。
また、社交界のパーティなどでは、
主催者は参加者のお出迎えとお見送りを大切にするものです。
「よくおいでくださいました。ありがとうございます」
「本日はお越しくださり、ありがとうございました」
第一印象が大事というのはよく言われることですが、
終わり方もまた重要であることを、
社交界の人々はよく知っているからではないでしょうか。
実際、最後に丁寧にあいさつしてもらって会場を後にするときは、
とても気分がいいものです。

二つ目は、前にも述べたとおり、
イベントの目的が参加者のその後の行動変容にあることです。
イベント自体が楽しく記憶に残るものだったとしても、

参加者がイベントを通して何かを得たり感じたりして、その後の行動が変わることこそがゴールなのです。

クロージングでは、その背中を押してあげなければいけません。

ここまでは、トッププレゼンの効果を高める「場」づくりについて、さまざまな角度からご紹介してきました。

次章では、リアルとオンラインを掛け合わせることで、イベントの効果をより高めることができるということを説明していきます。

第 4 章

トップの言葉をリアル×オンラインで広く届ける

「リアル×オンラインの時代が来た」

2020年の新型コロナウイルスの流行により、社会は大きく変化しました。

特に、あらゆるもののオンライン化は急速に進みました。オンライン授業、オンライン診断、オンラインコンサート、オンライン会議、オンライン結婚式、オンライン飲み会など、挙げればきりがありません。

これまで技術的には可能でも、それらのオンライン化に重い腰が上がらなかった人たちも、ひとたび必要に迫られて試してみると、「意外とオンラインでも十分だね」「むしろオンラインのほうが……」

といった感想を持つこともあるようです。


重要なプレゼンテーションの場の一つであるイベントもまた、本来は人々が集うことで価値が生まれるものでした。

しかし、コロナ禍のようにリアルに集うことが難しい時代には、オンラインでイベントを開催することも選択肢に挙がるでしょう。

実際、私たちもこの数カ月間で、実に多くの企業のオンラインイベントをサポートしたりプロデュースしたりしてきました。

そして、**リアルとオンラインを掛け合わせることで、大きなメリットが新たに生まれる**ことを確認しました。


では、リアルとオンラインのイベントでは、実際何が違うのでしょうか。

リアルとオンラインはどちらも、それぞれに効果があります。

ただし、それぞれに特性があり、強みも異なるため、それをよく理解した上で、目的に応じて適宜組み合わせていくことが重要です。

では、どのように成果が異なるのかについて見ていきましょう。

まず、オンラインの場合は、イベント設計をするときに経営戦略やマーケティング戦略といった視点からアプローチすることが必要です。

オンライン化が加速している現状では、イベントのあるべき姿は確実に進化してきています。

オンラインのイベントは、アプローチできる対象がリアルよりも広くなります。

拡散力や全体的なマーケティングの観点からすれば、オンラインのほうがリアルよりも効果が高いと言えます。

リアルのイベントだと、会場となる場所の収容人数など物理的な制約によって、一度に参加できる人数やアプローチできる対象が限られます。

しかし、オンラインであれば、そのような制約は少なく、規模面と拡散力で大きな力を発揮するのです。

例えば、全国から人を集めなくても全国の支店や支社をつないだり、バーチャル空間をつくってそこに参加者全員を集めたり、トップが全世界のユーザーに向けて直接発信したりできます。まさにプレゼンテーション力がますます重要性を増しています。

リアルイベントのメリットは、オンラインよりも小さい規模にはなるものの、オンラインよりも効果的に感動を伝播させることができることです。例えば、リアルでは参加者が五感を総動員するため、その場の感情の高まりや思いの伝達力、大切な価値観やメッセージの浸透力は、オンラインよりも総じて高くなる傾向にあります。

このように、オンラインとリアルのイベントでは、それぞれ特徴が異なります。

イベントの様子を遠隔地にいる人たちに共有する場合には、インターネットを通してイベントの映像を配信することになります。

このとき、配信方法は大きく「ライブ配信」と「オンデマンド配信」に分かれます。

ライブ配信とは、リアルタイムで映像や音声を視聴者に届ける配信方法です。

「生の時間」をリアルタイムで共有することができます。

一方で、オンデマンド配信とはライブ収録した映像や音声をリアルタイムではなく、後から視聴者や参加者に届ける配信方法になります。

ライブ配信時やオンデマンド配信用の映像の収録時には、スタジオや会場で特殊な設備や機器を設置して使用することで、リアルとはひと味違ったバーチャルな空間を自在に演出することができます。


もちろん、ライブ配信とオンデマンド配信を組み合わせることも可能です。

つまり、**当日参加ができる人はライブ配信に参加し、それができない人たちや繰り返し何度も視聴したい場合にはオンデマンド配信で後から視聴できるようにしておく**のです。


ちなみに、イベントのゴール設定とそれを実現するためのストーリー（脚本）とプログラム構成が重要であることは、リアルでもオンラインでも変わりません。

リアルイベントにおけるトッププレゼンの重要性は

すでにおわかりいただけたと思いますが、オンラインイベントにおいても
トッププレゼンの重要性は変わりません。
ほかの誰でもなくトップ自身が、自分の言葉で本音を素直に伝えることに
意味があります。
したがって、一方的に情報を伝えるだけの情報伝達になってしまってはいけません。
感情を本音で自分の飾らない言葉で伝えることこそ重要なのです。

前にもお伝えしたように、単なる情報伝達であれば、
メールや社内報、コーポレートサイトのトップメッセージで済みます。
そうではなくて、オンラインイベントでトッププレゼンをライブで発信することは、
単なる文字情報に還元できないトップの人間性や情熱なども含めて、
聴衆の心に響かせるということなのです。

オンラインという手段が取れるようになったことで、トッププレゼンの波及効果は上がったともいえます。

２０１９年、ある企業のリアルイベントをプロデュースしました。

東京で開催されたそのイベントの参加者は５００人でした。

しかし、その翌年にオンラインで開催したところ、ソーシャルディスタンスを守って会場入りした１００人の参加者に加えて視聴者が２９００人近くいて、合計３０００人が集まりました。

単純計算で６倍の人にトップの考えと情熱を届けられたことになります。

この内訳は１００人が社員、残り２９００人がグループ会社社員などの視聴者です。


リアルで開催した場合は、参加者５００人に対しては大きな効果があるでしょうが、それ以外の人には波及しにくいものです。

しかし、オンライン開催であれば、先ほどの３０００人が同じ時間に同じ経験を共有することになり、社員１００人だけでなく視聴者の２９００人にも、さらには同じ端末で一緒に視聴している視聴者の家族や友人にも波及していきます。

つまり、合計３０００人＋αにその内容をプレゼンテーションできるわけです。

次世代イベントはハイブリッド型が主流に

コロナ禍の影響を受けて、２０２０年は多くのイベントがオンライン開催になりました。

２０２０年3月から12カ月間でわが社が手掛けたイベントのうち、リアルのイベントは約10％、オンラインで開催したイベントは約90％を占めます。

２０２０年に開催されたオンラインイベントがどのようなものだったか、私たちのデータを使って振り返ってみます。

イベントのカテゴリー別でいうと、プレス向けの発表会などよりも、キックオフや総会、表彰式など、社員のエンゲージメント向上を目的としたイベントの実施が多く見られました。

リアルなイベントではいかにステージをつくり上げていくのかが、プレゼンテーションやイベントの成否を大きく左右します。それがオンラインになると、リアルなイベント映像をただ流せばいいのかといえば、そうはいきません。最大効果を求めるなら、映像をつくりこむ必要があります。

オンラインイベントはリアルイベントよりも、画面上で実現できる表現の幅がすごく広いのです。画面のデザイン、ＣＧ表現や合成作業、配信システムの整備など、リアルイベントとは異なる部分でつくりこまなければなりません。

２０２０年の4月から10月にかけてはイベント自粛の流れがあったため、

緑色の布などを登壇者の背景にし、CGを合成する手法が大多数を占めていました。ひとくちにCGといっても、２DCG（平面的な画面）や３DCG（立体的な仮想空間）といった種類がありますが、これらのCGスタジオからの配信がリアルスタジオからの配信よりも主流でした。

しかし、２０２１年以降は、リアルスタジオからの配信も増えています。

また、オンラインイベントの視聴者数は、「１００〜４９９人」が29％、「５００〜９９９人」が29％、「１０００〜２９９９人」が27％、「３０００人以上」が15％と、どの規模でもほぼ満遍なく開催されています。これは、オンラインイベントであれば、視聴者の数に左右されずに、イベントを開催することが可能だということの証明でもあります。

オンラインイベントの配信方法には、すでにお伝えしたようにライブ配信とオンデマンド配信の2通りがありますが、実に8割がライブ配信を採用していました。

圧倒的多数がライブ配信を採用している大きな理由として、オンデマンド配信にはない特長である「双方向のコミュニケーション」が求められていると考えることができます。

リアルイベントは時間と場所を参加者が共有することに意義がありました。同じ場所を共有することが難しいコロナ禍では、せめて同じ時間を共有しようというのが、オンラインイベント開催の意義になります。

しかし、どちらかではなく、**リアルとオンラインを組み合わせた「ハイブリッド型」のイベントという第3の選択肢**もあります。

ハイブリッド型イベントは、一部の人間のみがリアルなイベントに参加し、そのほかの人たちは視聴者としてオンラインで参加する方法です。

ソーシャルディスタンスを確保しようとすれば、会場の収容人数は当然限られます。そこで、例えば表彰式なら、表彰される人やチームだけをリアル参加とし、ほかの社員をオンライン参加とするといったことが可能です。

私はハイブリッド型イベントには、次の五つの可能性があると考えています。

1. リアル以上にコミュニケーション要素が強いイベントになり、単なる「伝える」から「引き出す」コミュニケーションへ移行できる
2. 短い時間で共有できる情報の幅が、リアルの何倍にもなる
3. 企業のブランドイメージやアイデンティティを社会や市場へも発信できる
4. 瞬間的なコンテンツであったイベントを、開催後にも活用できる可能性が高まる
5. 東京と各地域、海外と日本など場所や時間を超えてバーチャル空間に集まれる

これからのイベントは、リアルとオンラインの良いところを掛け合わせたハイブリッド型の開催方法が主流になっていくでしょう。
それぞれの影響範囲をまとめると、次のようになります。

リアルイベントの影響範囲＝リアルの参加者
ハイブリッド型イベントの影響範囲＝リアルの参加者＋オンラインの参加者＋α

ハイブリッド型によって参加人数が劇的に増加した一例を挙げてみましょう。

ある国際イベントでは、2019年以前は全国から300人が参加していました。2020年にハイブリッド型イベントに移行すると、リアルの参加者が1000人、オンライン参加者が100万人となり、参加者数は約3337倍にも増加しました。

この事例では、会場参加かオンライン参加かを参加者が選べるようにしたところ、参加人数と同時開催国が拡大し、参加者の大幅な増加につながりました。


次に挙げる事例は、数ではなくイベントの質が向上した事例です。

ある企業の社内向けイベントでは、2019年以前は全国から2000人が参加していたのに対し、ハイブリッド型ではリアルの参加者がマネジメント層のみの300人、1700人の一般社員はオンライン参加となりました。

参加人数の変化はありません。

しかし、リモート出演やQ&Aコーナー、参加者投票、コメント機能、チャット機能などを活用して双方向性を高めたり、
事前の映像コンテンツの提供や事後のアンケートなどを通じて

イベント前後にかけてコミュニケーションを活性化させたりしたところ、参加者のエンゲージメントが飛躍的に高まるという効果がありました。

本章の最初でもお伝えしたように、
リアルなイベントには感動を効果的に伝えられるというメリットがあり、
オンラインイベントには拡散力や大多数にアプローチできるメリットがあります。
これら双方の利点を兼ね備えたのがハイブリッド型イベントなのです。

ハイブリッド型イベントでは、より短い時間で共有できる情報量がリアルの何倍にもなる可能性があります。そうであれば、オンラインイベントの配信時間はリアルなイベントの開催時間よりも短くなっているはずです。

実際はどうなのでしょうか。

私たちの調べによると、
実に58％の企業が3時間未満でイベントを開催していました。

3～5時間未満は16％、5時間以上は19％、1時間未満は7％でした。

視聴者が集中できる時間は、テレビ番組と変わりません。
1～3時間という限られた時間において、いかに最大の効果を発揮するように
イベントを設計するかが、私たちイベントのプロの仕事でもあります。

「参加者を魅了するプロの技術」

オンラインとリアルを掛け合わせたハイブリッド型イベントを開催するメリットをお伝えしてきました。では、ハイブリッド型イベントで画面を隔てたオンラインの参加者を感動させるには、具体的にどうすればいいのでしょうか。

それには法則が存在します。

オンライン参加者の満足度を上げるために重要な、四つのポイントをご紹介します。

ポイント❶　プロモーション（事前事後施策）

ポイント❷　インタラクティブ（双方向性・参加性）

ポイント❸　ストリーミング（配信環境・ストレス）

ポイント❹　プレゼンテーション（プレゼンの見せ方）

まず一つ目のプロモーションでは、イベント参加者に事前予習や事後の復習、もしくは課題に取り組んでもらうことで、イベントに対する期待感を高め、イベントをいっそう楽しみにしてもらうことができます。

二つ目のインタラクティブでは、イベントに双方向性と参加性を導入することで、リアクションが見えるようになり、参加者にアクションを促すことができます。そうすることで参加者もイベントを一緒につくり上げている感覚を得られるのです。

三つ目のストリーミングは、配信環境を整備し、視聴者のストレスを軽減することで参加者の満足度を上げます。配信環境以外にも、画面の綺麗さやスライドの文字の大きさなども該当します。

最後のポイントは、イベントの中心となるプレゼンテーションの見せ方です。
具体的には、プレゼンテーションをするキャラクターの見せ方、
わかりやすいプレゼン構成、カメラワークやレイアウトなどが含まれます。
これら四つのポイントのうち特に、インタラクティブとプレゼンテーションは、
ハイブリッド型イベントを特徴づける大きなポイントとなります。

最近では、オンラインで実施するセミナーを意味する「ウェビナー」
（ウェブとセミナーを合わせた造語）がよく話題にのぼります。
そこで、ハイブリッド型イベントはウェビナーとなにが違うのだろうか
と疑問に思われる方もいらっしゃるかもしれません。
その違いは、**高い双方向性・参加性を実現できることと、**
プレゼンテーションの見せ方をいかようにもできることにあります。

ここからは、オンラインイベントにおける配信の方法や、演出の手法といった
具体的な見せ方の技術についてお伝えしていきます。

イベントがオンラインであれリアルであれ、
感動的なイベントには優れた脚本の存在が不可欠です。
脚本の種類には、大きく分けてテレビの脚本と映画の脚本が存在します。

テレビの脚本は視聴者を「飽きさせない」という視点で構成が決められており、
オープニングからつくっていくのが一般的です。
一方で、映画の脚本では、クライマックスであるゴールから先につくっていきます。
つまり、映画の脚本では伝えたいことを先に決めて、そこに向けて物語の中の時間を
操作していくのです。
多くのオンラインイベントの開催時間である1～3時間は、映画の長さと同じです。
この短時間でいかに心に刺さるものをつくれるのかが、プロの腕の見せ所です。

脚本以外にも感動を引き出すために欠かせないのがさまざまなカメラワークです。
少し専門的な話になりますが、ここではプレゼンテーションの効果を高めるために
映画の撮影で使われるカメラワークのテクニックのうち、

特にイベントで効果を発揮する四つをご紹介します。

プレゼンテーションを効果的に見せるのに有効なのが、「Contract Dolly（コントラクト・ドリー）」と「Journey Through Eye（ジャーニー・スルー・アイ）」というテクニックです。

Contract Dollyとは、被写体がカメラに向かってくると同時にカメラも被写体に向かっていくテクニックです。ただ前に進むシンプルな動きをドラマチックに演出することで、登壇者をパワフルに魅せる効果があります。

Journey Through Eyeは、小さいものを拡大して画面いっぱいに映すテクニックです。人の顔にどんどんクローズアップして、最終的にはその人の瞳に映っている景色を捉えるといった映像を見たことがある方もいるでしょう。これは演者の意識下を表現しています。想いを表現するＶＴＲに移行するときなどに効果を発揮するのです。

また、イベントのオープニングとエンディングのシーンで使えるテクニックには、「Crane Up Entrance（クレーン・アップ・エントランス）」や「Pull Back Reveal（プル・バック・リヴィール）」があります。

Crane Up Entranceは、視聴者が演者の目線でイベント会場に入っていく感覚を味わえるように撮影する手法で、「これからここでどんなことが起こるのか?」と視聴者に想像を喚起させます。

Pull Back Revealは、被写体を正面から録りながら後退していきフレームアウトさせるという手法で、カメラが後退すればするほど、被写体が置かれている状況や世界観を伝えられる効果が期待できます。

しかしそうはいっても、これらのテクニックを駆使して自分たちでイベントをつくり上げるのは、なかなか骨が折れることは言うまでもありません。そこはぜひ、私たちのような**イベントのプロを上手く活用してください。**

「CMを流すよりも、トッププレゼンが良い理由」

企業ブランディングには2種類ありました。一つは、社員など社内に向けたインターナルブランディング、もう一つは取引先や顧客、エンドユーザーなどの社外に向けたエクスターナルブランディングです。イベントに関して言えば、そのイベントが社内と社外のどちらに向けられたものかによって、ゴールやプログラム設計が変わります。

ブランディングの手段としてイメージするものに広告がありますが、

広告はどちらかと言えばエクスターナルブランディングとしての性格が強いものです。
広告という観点でイベントを捉えてみると、
リアル×オンラインのイベントは費用対効果でＣＭを上回ります。
ＣＭにかかる費用は、主にＣＭ自体の制作費と番組枠購入にかかる費用です。
例えば、有名タレントを起用して、視聴者の多いゴールデンタイムに
ＣＭを流そうとすると、平気で５０００万円くらいになります。
しかし、わが社でプロデュースする
リアルのイベントであれば、３０００万円＋交通費、オンラインの場合は、
３０００万円＋交通費なしといった費用でイベントを開催することができます。
費用面では、一回のＣＭよりも低く抑えられるのです。
また、ＣＭでは実際の視聴者の顔は見えませんし、
一方通行の情報伝達になってしまい、
視聴者とコミュニケーションをとることはできません。
イベントでは、参加者の顔が見えますし、

インタラクティブなコミュニケーションをとることが可能です。
また、イベントは参加者が決まっているので、
メッセージが誰に対して向けられたものであるかがＣＭよりも明確です。
相手の心に響かせるという質的な効果は、ＣＭよりも高いと言えます。

さらに、イベントは広告と違い、エクスターナルブランディングだけでなく
インターナルブランディングにも効果を発揮することは、
これまで繰り返しお伝えしてきたとおりです。

現代においては、リアルかオンラインかという選択肢だけではなく、
その両方を組み合わせたハイブリッド型のイベントを開催することもできます。
会社の課題や状況に応じてカスタマイズできるのが、イベントの良さでもあります。

リアル・オンラインを問わず「場」をつくる

トッププレゼンの効果を最大化するために、「場」（イベント）が必要であることは、第3章でお伝えしたとおりです。

しかし、その「場」は、なにもリアルな場でないといけないわけではありません。

リアルでもオンラインでも、「場」の持つ重要性は変わりません。

インターナルブランディングであれ、エクスターナルブランディングであれ、イベントにはある特定のゴール（目的）があり、そのゴールの達成のために全体のストーリー（脚本）や各プログラム設計、演出が考えられ、空気感が醸成されていきます。つまり、参加者の気持ちにスイッチが入った状態にして、トッププレゼンを心に響きやすくするのです。それは、オンラインでも同じです。

2020年の7月時点では、私たちのクライアントのなかでリアルなイベントを中止・延期した企業は全体の半分で、残り半分はオンラインで開催しました。リアルからオンラインへ実施方法を変更したのです。

そして、これまでまったくイベントを開催していなかったけれど、「こういうご時世だからこそ新たにオンラインでイベントを開催してみたい」という企業が、意外にも3割ほど増加しています。

実際、オンラインイベントの評判はどうかと言えば、予想以上の高評価をいただいています。

アンケートなどで参加者の反応を見てみると、喜びの感想が多くあります。

例えば、次のような反応です。

「社長が自分に向けて言葉をかけてくれた感じがして良かった」

「映像のクオリティが高く、自社のイノベーションを感じた」

「テレビ番組を見ているみたいで楽しかった」

「自分のテレビで見られるので、オンラインのほうが集中できた」

「プレゼン資料が見やすく、いつもより理解が深まった」


一方で主催者にも開催後の感想を聞いてみると、好意的な反応でした。

「新時代のイベントのあり方を感じた」

「動画だからこそ得られる親近感があった」

「ライブ配信にチャット機能をつけ、参加者がその瞬間に感じたことを書き込んでもらう方式を採用したところ、今までのイベントではつかみきれなかった本音や温度感が得られただけでなく、『会社は意見を聞いてくれる』という信頼関係も構築できた」


リアルであれ、オンラインであれ、「場」をつくることが重要なのであり、**リアルとオンラインそれぞれが持つ優れたところをうまく活かしていくことが、次世代のイベントのあり方**なのです。

オンラインで開催するときの注意点

オンラインのイベント開催に関して皆さんが不安に感じることの多くは、配信に関することではないでしょうか。

ちゃんと配信できるか、リアルと同じように実施できるか、という不安です。

イベントのプロとして、配信の課題をどのように解決しているのかをお伝えします。

配信に関しては、必ずクライアントのＩＴ部門やセキュリティ部門の担当者に同席してもらって事前にチェックし、１～２週間前に念入りにリハーサルをします。

「オンラインではリアルのイベントと同じ効果を得られないのではないか」という不安を挙げる方もいらっしゃいますが、オンラインのイベントもリアル同様に効果があることはすでに述べたとおりです。


しかし、実際のオンラインイベントでは、リアルとは違うところに気をつけなければならないこともまた事実です。

例えば、話し手が自分のモニターばかりを見てしまうと、視聴者は「自分のほうを見ていない」「目線が合わない」と感じます。

登壇者はモニターではなく、カメラをしっかり見ることが重要です。


プレゼンテーションの極意は、一人ひとりと目を合わせていくことにあります。

だからこそ、リアルよりもリハーサルを念入りにしておく必要があります。

リアルよりもオンラインのほうがカメラの切り替え作業は多くなるので、リハーサルは話し手のためになることはもちろん、これらのスタッフとの協働作業をスムーズにするためでもあります。

例えば、トップが重要なキーワードを話しているときに、カメラチームが横顔にアップで寄ったり、ＡカメラからＢカメラに瞬時に切り替えたりすることで、トッププレゼンがより心に響くような場面をつくり出していくわけです。

だから話し手には自分が俳優だと思ってもらい、繰り返し練習してほしいのです。例えば、20分のトッププレゼンだったら、最低でも1時間は練習が必要です。事前に何回も練習していると、本番の出来栄えが全然違ってきます。

私がイベントをプロデュースするときは、どれほどプレゼンがうまい方であっても、どれだけ偉い方であっても、練習とリハーサルを複数回やっていただきます。

オンライン開催に使えるツール

オンラインイベントを開催するには専用のツールを使用する必要があります。いろいろなオンラインツールがありますが、オンライン開催のプラットフォームとして検討する上では、少なくとも次のポイントを考慮する必要があります。

- **参加人数**：一度にオンラインに参加（視聴）できる人数です。
  同じプラットフォームでもサービスやアカウントが有料か無料かによって参加人数に差が出ます。
- **費用**：同じプラットフォームでもライセンスの種類によって導入費用も変わってきます。例えば、ビデオ会議やウェビナー

（オンラインで開催するセミナーのこと）の場合は基本プランに含まれるが、ライブ配信の場合は別ライセンスになるなど、プラットフォームによって異なります。

・画質・音質：画質と音質は良いに越したことはありませんが、使用する端末やインターネットなどの通信環境にも左右されますので、事前に確認が必要です。イベントがライブ配信かオンデマンド配信かによっても、どの程度の画質や音質が必要かも変わってきます。

・タイムラグ：現在の通信技術では必ずタイムラグ（通信の遅延）が生じます。どの程度タイムラグが生じるかは、使用するプラットフォームや通信環境、端末のスペックなどにもよりますので、事前に必ず確認が必要です。

・セキュリティ：プラットフォーム選びで一番大切なことです。いくらほかが優れていたとしても、いざ使ってみたらセキュリティが脆弱で大事な情報が漏えいしたなんてことになっては、目も当てられません。

では、実際にはどのようなプラットフォームがあるのでしょうか。

利用者数が多いのは、主に次の四つです。YouTube（ユーチューブ）、Zoom（ズーム）、Microsoft Teams（マイクロソフト・ティームズ）、Cisco Webex Events（シスコウェベックス・イベント）。

なかでも、ZoomとTeamsでの実施が圧倒的に多く、半数以上を占めています。

これら以外にも、クライアントの社内ツールを使用することも多くあります。

YouTubeは言わずと知れた動画配信サイトですが、YouTube Liveというサービスを展開していて、基本的に無料で利用でき、参加人数にも制限がないのが大きな魅力となっています。

しかし、ほかのプラットフォームに比べて圧倒的に利用者数が多いため、場合によってはアクセス過多で大きなタイムラグが生じる場合もあります。

Zoomはテレワークが進んだことで一気に利用者数が増えました。
有料アカウントではウェビナー配信機能があり、最大で1万人まで参加できます。
視聴者側でアカウント登録をしなくても利用できます。また、画面操作などが
非常に簡単に操作できるようになっており、操作性が高いのもポイントですが、
セキュリティ上の懸念が指摘されています。

Teamsはマイクロソフト社のビデオ会議用ツールで、
機能の一つに1万人まで参加可能なライブ中継システムがあります。
基本的に有料ですが、マイクロソフトのサブスクリプションサービスである
Office365のユーザーは、無料で利用できます。

マイクロソフト社は言わずと知れたWindowsのＯＳの開発会社ですし、
インターネットテレビ電話サービス、Skype（スカイプ）やOneDriveといった
クラウドサービスの長年の運用実績があり、
オンラインプラットフォームのセキュリティ面でも信頼できます。

Webex Eventsはシスコ社によるライブ配信プラットフォームです。

最大3000人まで同時に配信できるウェビナー機能があり、Zoomと同様、視聴者側のアカウント登録が不要です。

シスコ社は、もともとネットワーク機器のベンダー企業であり、Webex Eventsはセキュリティ面で特に安心です。


以上四つのプラットフォームをご紹介しましたが、それぞれの特徴を考慮して、自分たちの状況に合ったサービスを選ぶ必要があります。

ちなみに、**私はTeamsとWebex Eventsを推奨**しています。

オンラインツールを使用する際に一番問題になるのがセキュリティですが、これら二つのツールはどちらもセキュリティレベルが高く、安心と言えます。

リアル×オンラインが拓く新たな可能性

ここまでお伝えしてきたように、これからのイベントの多くはハイブリッド型が主流になっていくと予想されます。

ハイブリッド型にすることで、より多くの人々に企業としての想い、製品の特長、感動を届けることができますし、お客様やユーザーの意見も、通常の何倍も集められます。

リアルのイベントで１０００人が集まっている会場で手を挙げて意見を言うことは、かなり神経がタフでないとできませんが、その場でスマホを使ってチャットに書き込んだりすることは誰でもできます。ただし、気軽なツイートのように書くのではなく、真剣に記入してもらえるように、プレゼンで上手に導く必要があります。

例えば、あるイベントで製品開発部長が現在開発中の新製品について、今この場で社員（参加者）に意見を求めたいという場合があるとします。オンラインの特性を利用し、チャットやアプリを使って意見を集約すれば、質問したり意見を表明したりする心理的ハードルは一気に低下するはずです。参加者と主催者との間のコミュニケーションが活発化されるのです。コミュニケーションが活発になれば、イノベーションも起きやすくなります。

非日常をつくり上げていくという意味では、リアルもオンラインもイベントのつくり方は基本的に同じです。ゴール設定とイベント全体のストーリー（脚本）、プログラム構成はどちらの場合も重要ですし、表彰式など各プログラムの演出プラン、トッププレゼンのシナリオと演出方法、タレントやゲストなどのキャスティング、一体感の醸成といった基本的なことは共通しています。


一つ、リアル×オンラインのハイブリッド型の成功例をご紹介しましょう。

今年、アメリカに本社を置く日用品系大手企業の日本法人のイベントをプロデュースしたときのことです。リアルイベントは東京で開催されたのですが、リアルイベントの最中に、オンラインで本社のトップが出演しました。

リアルだけで完結するイベントにしていたら、本社トップの話を直接聞くことはできなかったはずです。


突然の本社トップの登場と彼のプレゼンによって、会場の空気は一変しました。

ポジティブな空気が流れ、アメリカ本社との一体感が生まれたことで、参加者のモチベーションが高まったことをひしひしと感じました。

ここでもやはり、トッププレゼンが場の空気を劇的に変化させました。

リアル×オンラインのハイブリッド型のイベントであれば、どれほどトップが遠くにいたり忙しかったりして会場に来られないとしても、トッププレゼンをオンラインで配信すればいいだけです。

そうすれば、重要なメッセージを参加者全員に伝えることができますし、先ほどの例のように、一気に会場の空気を変えることができます。

物理的な制約に縛られることなく、トッププレゼンを実施するためにも、ハイブリッド型イベントは大変有効な開催方法なのです。

最後に、実際にハイブリッド型イベントに参加された方々の声を事後アンケートとフリーメッセージのコメントからご紹介しましょう。まずは事後アンケートから。

「時間が適切に配分され、雰囲気も良く、参加者負担も少ない過去最高の開催形式でした」

「ライブ配信で皆さんの反応が見られたり、発表内容に関連した情報共有がなされたりと活発な雰囲気が良かった」

「組織全体として向かっていく方向が共有され、気持ちの上で一体感が高まった」

「実況チャンネルやQ&Aコーナーなど、ライブ感があって良かった」

「経営計画発表会も動画視聴のスタイルで聞くと新鮮に感じ、時間や場所に拘束されないので、今後も継続的に活用していただきたい」


以上のコメントからは、参加者がライブ感のあるオンライン配信を求めていることがわかります。


また、開催後のフリーメッセージにも次のようなコメントが寄せられました。

「キックオフはメッセージがマジメなものにならざるを得ないため、キャンプ仕立てでカジュアルな雰囲気になって聞きやすかった」

「経営計画発表を聞くことで、自分がこれからどうあるべきかを意識でき、モチベーションが上がった」

「拍手の動画に、涙が出ました。当社も明るい未来に貢献できる会社にしたい」

これらのコメントからは、**参加者が会社との接点を求めている**ことがわかります。コロナ禍のリモートワークで、組織内の人間関係が希薄になりがちななか、会社や仕事へのエンゲージメントを高める手段として、ハイブリッド型イベントが今こそ求められているのです。

ハイブリッド型イベントのイメージ①

ハイブリッド型イベントのイメージ②

エピローグ

いかがだったでしょうか。

本書を通じてトッププレゼンの素晴らしい効果に気づいていただけたなら、すぐに行動して、あなたの会社のイベントでもトッププレゼンを実施してください。

そうすることで、今よりも必ず、会社は良くなるはずです。

私は、2012年の創業以来、年間150本のイベントに関わり、300人以上のトッププレゼンを準備段階から間近で見てきました。

その経験から学んだことのエッセンスを、本書に詰め込みました。

本書が皆さんの仕事や経営のお役に立てるならば、著者としてこれほど嬉しいことはありません。

本書はすぐに手が届くところに置いて、プレゼンテーションをすることになったら、そのたびに手に取りペラペラと見返していただきたいのです。

トッププレゼンの技術と重要性、そしてその素晴らしい効果について再確認していただけたらと思います。

技術は、正しい過程を経れば誰でも身に付けることができます。

しかし、重要なことは、何度も繰り返し練習しておくことです。

そうすれば、本番で最高の結果を導くことができるでしょう。

社会のあり方が大きく変容している今は、新しいことを始めるにはもってこいの時期です。あなたが持っている力を信じてください。

そしてその力を本書でお伝えしたトッププレゼンの技術を使って、存分に発揮してください。

本書が読者の方々だけでなく、読者の会社の従業員やその家族の幸せに少しでも貢献できることを願ってやみません。

2021年6月

光畑真樹

読者特典

ハイブリッド型イベントに関する資料

今後主流になるであろう、
リアルとオンラインを掛け合わせた
ハイブリッド型イベントについて、
昨今の海外事例や実際のデータから
幅広く分析した資料を
ダウンロードしていただけます。

詳細・ダウンロードはこちら

https://www.global-produce.jp/presentation/

※読者特典は予告なく終了することがございます。

【著者略歴】
光畑真樹（こうはた・まさき）
株式会社グローバルプロデュース代表取締役 クリエイティブディレクター。JTB グループでイベントプロデュースに従事した後、2012 年 4 月に株式会社グローバルプロデュースを創業。イベント業界のプロフェッショナルを集め、プロデューサー集団を創り上げる。全社で国内外年間 100 本以上のイベントを企画制作している。個人としては 5000 人から 2 万人規模の大型コンベンションのステージ演出を得意とする。数千人規模の企業が主催する社内イベントや PR イベントも数多く手掛けている。

ビジネスに革命《かくめい》を起《お》こす トッププレゼンテーションの技術《ぎじゅつ》

2021 年 6 月 21 日　初版発行

発行　**株式会社クロスメディア・パブリッシング**
発行者　小早川 幸一郎
〒151-0051　東京都渋谷区千駄ヶ谷 4-20-3 東栄神宮外苑ビル
https://www.cm-publishing.co.jp
■本の内容に関するお問い合わせ先 …………………… TEL (03)5413-3140 ／ FAX (03)5413-3141

発売　**株式会社インプレス**
〒101-0051　東京都千代田区神田神保町一丁目 105 番地
■乱丁本・落丁本などのお問い合わせ先 ……………… TEL (03)6837-5016 ／ FAX (03)6837-5023
service@impress.co.jp
（受付時間　10:00 ～ 12:00、13:00 ～ 17:00　土日・祝日を除く）
※古書店で購入されたものについてはお取り替えできません
■書店／販売店のご注文窓口
株式会社インプレス　受注センター ……………………… TEL (048)449-8040 ／ FAX (048)449-8041
株式会社インプレス　出版営業部 ……………………………………………………… TEL (03)6837-4635

カバーデザイン　designH
本文デザイン・DTP　荒好見
校正・校閲　文字工房燦光
印刷・製本　株式会社シナノ

ISBN 978-4-295-40473-6　C2034